Marcel Nuss

Sérénités

À mes Amours…

Édition : BoD – Books on Demand, info@bod.fr
Impression : BoD – Books on Demand, In de Tarpen 42,
Norderstedt (Allemagne)
Impression à la demande
©Autoéditions – Marcel NUSS
Dépôt légal : août 2022
Couverture : Jill NUSS
ISBN : 9782322439256

Le Code de la propriété intellectuelle n'autorisant, aux termes des paragraphes 2 et 3 de l'article L. 122-5, d'une part, que les « copies ou reproductions strictement réservées à l'usage privé du copiste et non destinées à une utilisation collective » et, d'autre part, sous réserve du nom de l'auteur et de la source, que les « analyses et les courtes citations justifiées par le caractère critique, polémique, pédagogique, scientifique ou d'information », toute représentation ou reproduction intégrale ou partielle, faite sans le consentement de l'auteur ou de ses ayants droit ou ayants cause, est illicite (article L. 122-4). Cette représentation ou reproduction, par quelque procédé que ce soit, constituerait donc une contrefaçon sanctionnée par les articles L. 335-2 et suivants du Code de la propriété intellectuelle.

Ma solitude

Elle va elle vient s'en retourne revient
je vais je vis
je vois cette solitude qui m'appartient
que j'ai éludée en vain
je crois et je ne crains plus
le silence devient ma vertu
l'essence de cette solitude qui me constitue
je vais en elle comme on va vers l'éternité
avec sérénité et une reconnaissance éperdue

Le temps

Je n'ai plus le temps de rien
à chercher le tien
je perds le mien
demain est vain
aujourd'hui est sien
je n'ai plus le temps
je vais et je viens
à trouver le temps
de me comprendre
inlassablement
et de vous attendre
de temps en temps
mais le temps est compté
le mien en tout cas
car la vie me dit de prendre le temps
d'aimer pour mieux les aimer
de prendre le temps de me vivre
enfin   librement

Je poétise

Je poétise pour vivre pour y croire encore pour y croire toujours
pour aimer je poétise pour m'aimer
pour l'aimer je poétise pour les aimer
ces femmes qui m'ont constitué qui me constituent
vie après vie jour après jour amour après amour
je poétise pour trouver du sens pour en chercher aussi
je poétise depuis toujours
car je suis un poème au grand jour
le poème de ma vie qui se déroule
tel un parchemin écrit par cet autre que je suis
que j'aurais pu être que je ne serai jamais
je poétise par amour
le reste ce n'est que du verbiage
des mots et encore des mots
la vérité est dans le silence
le silence derrière les mots
ceux que je ne trouve pas
je suis mon silence
suis-je ma vérité aussi ?

Ma liberté

Qui pourrait m'en priver ? Qu'est-ce qui pourrait m'en priver ?
Personne et rien.
En dehors de moi-même
d'un renoncement soudain à ma chère liberté.
Une folie suicidaire bien loin de ma Terre.
On n'a qu'une liberté
il faut la chérir sans flancher
au risque de mourir sans avoir respiré
l'odeur revivifiante de sa légèreté.
Je n'ai qu'une liberté

celle que je me donne
jour après jour
à force de volonté et d'amour.
Elle est la chair de mon âme
le sens de mon être.
Mais qu'elle est longue à trouver
cette liberté si rétive à apprivoiser !
Liberté ronde. Liberté élancée.
Liberté qui m'inonde de ma vérité…

Polyphonie

Dans la ville
J'aime les sons, les odeurs, les couleurs
qui me croisent, m'assaillent et m'emmènent
vers tant d'ailleurs
j'aime les quartiers historiques
qui ensemencent ma mémoire de mon futur
je suis vivant
dans cette polychromie de races, d'orientations,
de cultures, de croyances et de libertés
je me sens chez moi
nulle part est partout, partout est nulle part
où je respire la vie
dans le chant des autres, des différents,
de la dissemblance harmonieuse
quand rien n'est ce qu'il semble être
j'aime l'anarchie humaniste
qui prospère dans la pluralité cosmopolite
de la ville

Puissance

La puissance de son regard dans le mien qui le dévore
ses lèvres retroussées sur ses dents d'où s'échappent
des petits cris crescendo scandant la montée de son plaisir

et son corps qui se tend et ses sens qui chavirent
mes yeux dans les siens que la jouissance attise
jusqu'au trouble à la stridulante acmé
dans mon regard enfiévré
Jouis mon amour jouis
je te rejoindrai !

Qu'est devenu l'amour ?

Le ciel sanglote toutes les larmes de la Terre
sous un voile d'une tristesse infinie
la mienne
celle que mon cœur pleure en silence
Je ne suis plus rien
qu'un vieux mentor amoureux
d'une étoile qui a filé vers d'autres cieux
un rivage plus clément peut-être ?
Le baiser de Judas a scellé notre passé
il a fini de trépasser sous ses lèvres sur ma joue mal rasée
elle a décidé elle a choisi
je la regarde s'éloigner
impuissant et résigné
devant cette réalité qui me déchire
en silence
au cœur de ce décor que nous avons créé
avec tant d'amour et de vérité
et cette question qui se met à tourner
qu'est devenu notre amour ?

Notre maison

Notre maison
c'est ce qu'il me reste
avec ton regard étoilé
d'interrogations et de liberté
avec ton rire et ta légèreté

avec cette sensibilité que rien n'effacera jamais
avec cette écoute et ce sens de l'absolu
Notre maison
c'est ce qu'il me reste
pour te respirer et te regarder sans me lasser
tout ici nous respire à l'infini
tout nous ressemble jusqu'à la moindre lumière
tout nous rassemble
et nous sépare aussi désormais
C'est la vie il paraît que c'est la vie
mon amour qui n'est plus mon amour m'as-tu dit
je te regarde et je souris
à tout ce qui est nous à tout ce qui est toi
je te souris comme je te sourirai jusqu'au bout de ma vie
dans notre maison

Mon île

Mon amour, au milieu de l'océan qui nous rassemble, je te regarde, je te sens, je te sais, même si je suis loin. Le vent du large souffle vers moi les parfums de ton être, de ta voix, de ta bouche. J'aime mon île où je peux rêver de toi et de tes appas félins dans la solitude qui m'étreint d'une sérénité infinie. Le temps nourrit si bien l'amour et le désir, dans cette respiration tranquille et apaisée du corps et de l'être se régénérant en prenant le temps d'exister à leur rythme, étreints par l'amour et l'horizon sans limites qui nous tend les bras. Et son espérance. Mon amour, me vois-tu arriver lentement vers toi, sortant de ma solitude de vieux loup sauvage le temps d'embrasser ton regard si vivant et généreusement bleu.

Chambre triste

Tu sais, la chambre est triste depuis que tu l'as quittée pour une autre vie, pour un autre ailleurs. Elle a perdu de son âme, celle que tu as emmenée avec toi, elle a perdu ton rire plein d'allant. La chambre est triste, ce n'est plus comme avant, elle respire différemment. Pourtant, elle doit bien vivre, elle doit bien continuer à s'éveiller chaque matin, même sans toi. Même si ce n'est plus comme avant. Tu lui manques, tu sais. Comme à moi, assurément, quand j'ouvre les yeux sur le vide de l'absence, quand je les referme sur le silence de ta présence. Mais c'est la vie, ai-je appris, et notre chambre aussi, je crois, l'a compris. La vie est triste parfois, comme la chambre, comme moi. Comme toi quelquefois aussi sûrement. La vie, cette sacrée vie, est ainsi, c'est ce qui la rend si précieuse. Il faut vivre maintenant, maintenant, vivre l'instant, l'instant, après c'est trop tard, avant c'est trop tôt. Je le sais, je le sens, au petit matin, quand je déplisse les yeux sur un nouveau jour et sur notre amour suspendu dans la quiétude de la chambre qui m'accueille paisiblement. Notre amour d'avant ? Avant quoi ? Avant qui ? Avant pourquoi ? Pourquoi un avant ? Pour qu'il y ait un après ? Probablement. Et la chambre le sait. Comme je le sais également. Mais il y aura à jamais un toujours entre toi et moi. La chambre et nous. Dehors, le soleil est debout.

Je te déshabille

Je te déshabille
de mes yeux
concupiscents et folâtres
je peux
je te vois de si près
même si tu es bien loin
de mon regard érotique
toi
si belle et si désirable
même de loin
derrière cet écran qui nous sépare
et mon regard qui s'égare
et mes yeux qui s'attardent
dans mes pensées coquines
si tu savais ce que je vois
si tu savais ce que je fais de toi
innocemment
et moi qui attends
que tu révèles
au moins un sein
ou deux
sous ton pull relevé
pire
que ta main descende et
enfin bref
je te déshabille
mon amour
mais si tu te déshabillais
en retour
en tout bien tout honneur
je suis si loin
tu ne risques rien
ou presque
…

Nénuphar

Pétales déployés
si délicatement
de cette fleur
offerte en pleine lumière
comme un péché délicieux
et intensément tentateur
dont mon regard se délecte
en rêvassant au nectar délictueux
que diffuse son calice
dans lequel j'aimerais plonger tout entier
mais je n'ai que mes yeux pour oser
sensuelle nymphe à l'impudeur
langoureusement étendue
devant ma convoitise éplorée
face à tant de sensualité
qui m'invite à la dévoyer
Suis-je Courbet ou Monet
peignant la beauté qui leur tend les bras
ou un satyre ébloui que tu alimentes
de ta légèreté d'amante
perverse à souhait pour le laisser espérer

Elle a envie (et moi aussi)

La lumière inonde le lit
il fait beau sous le soleil du midi
Elle a soudain envie
seule la lumière l'habille
elle a envie
d'elle-même
sa main baguée sur le corps ravi
descend jusqu'à son nid
je l'aime ainsi
alanguie sur le lit
sous la lumière du midi
et ses doigts qui butinent
et ses doigts qui lutinent
au rythme des reins
qui ondulent avec frénésie
sous son regard épris
et ce sein au loin
qui respire au diapason
du plaisir que gravit
le corps soudain conquit
sous la lumière qui vacille
Elle jouit
et lui aussi
qui s'en vient se désaltérer à son puits
Dehors il fait beau sous le soleil du midi
dedans quelque chose de radieux s'est produit
Elle a eu envie
d'elle-même
devant mes yeux éblouis

Comment oublier

Comment oublier
que nous nous sommes tant aimés
comment oublier
cet amour qui nous a traversés
cette sensualité
et cette liberté enfin trouvée
?
Comment oublier ces nuits à palabrer
ces complicités d'un autre temps
d'un autre âge probablement
mais qu'importe c'était nous
cet amour insensé
et pourtant si réel
?
Comment oublier ce qui n'est plus
maintenant que le temps a passé
sur un amour révolu car
ce ne sera plus comme avant
un autre amour entre-temps
est passé par là
mais comment oublier
?
Nostalgie quand tu me prends
et pourtant la vie continue
aussi belle qu'avant
mais autrement
autrement

.

Amour doux-dingue

De temps en temps
quand le temps peut
quand le temps veut
nos corps fougueux
se retrouvent passionnément
sous l'auvent
de nos sens haletants
Pendant ce temps
j'attends patiemment
que le temps lentement
passe tranquillement
j'attends l'amour flamboyant
que son fleuve devienne torrent
submergeant nos désirs ardents
j'attends qu'elle soit le brasier
de ses appas effervescents
j'attends paisiblement
que le temps prenne son temps
car je l'attends
le corps bouillonnant
si amoureusement
j'attends son premier baiser renversant…

Les mots

Que serions-nous sans

les mots les **Mots** les motS les mOts les *moTs* les
MOTS
oui que serions-nous sans les mots
sans le verbe qui nous fait chair
et nous est si cher
sans nos dialogues à bâtons rompus
Sans nos palabres impromptues
je me sentirais nu

orphelin d'une vie si foisonnante
qui a nourri notre amour
jusqu'au cœur de la nuit parfois
Ne perdons pas ce souffle
qui nous a unis en dépit des doutes d'autrui
nous sommes mots
nous serons mots même après la mort
je crois
c'est ainsi.

De profundis

Une tristesse descend du ciel
il n'y a plus d'hirondelle
quelque chose ne sera plus pareil
toujours et à jamais sont morts
dans l'incendie de l'amour éteint
hier ne sera pas demain
le futur a changé de main
et de cœur également
Désormais tout sera autrement
mais comment comment
la vie monte vers les cieux
je n'ai plus que le présent
de l'avenir pour ouvrir un nouvel
horizon d'amour entre nous
on s'aimait tant que les regrets
sont vains maintenant
avançons autrement mais avançons
tu es si proche et si loin
le temps nous rejoindra sur le chemin
La vie s'élève irrésistiblement
vers un autre firmament
elle s'élève forcément
même sans nous
alors suivons-la
au près

Rompre

Rompre avec les habitudes
les usages qui veulent que
et les principes démodés avant d'apparaître
rompre avec les « si » et les « peut-être »
les atermoiements et les contentions affectives
les amarres illusoires d'avant
se libérer devenir enfin soi
le regard effervescent
posé sur des lendemains illuminés
par le bonheur d'aimer en souriant à l'envi
à une vie finalement dénichée
dans un recoin du bonheur oublié

Bluette

J'écris des bluettes par amour pour Sophette
je n'ai pas de mains mais des mots que je jette
à son cœur en fête
et son sexe en goguette
j'écris une bluette pour les yeux de Sophette
je n'ai pas de bras mais des sentiments que j'envoie
à ses tendres émois
et ses fougueux élans
j'écris des bluettes pour le con de Sophette
je n'ai pas de doigts mais une bouche qui encense
tous ses enivrants sens
et son bouton en partance
j'écris une bluette pour l'acmé de Sophette
je n'ai pas de crayon mais un chibre que je lui offre
pour dessiner ses jouissances
et taquiner son effervescence.

Comme avant

Amour d'antan
amour d'après
amour toujours
amour à jamais
on s'aime tant
mais pas comme avant
comme avant après
maintenant
c'est après avant
et pourtant
et pourtant
le temps va de l'avant
comme nos sentiments
avant après pendant
l'amour demeure vivant

Dis-moi

Dis-moi Sophette
qu'as-tu dans la tête
laisse parler tes cordes
sensibles et vibrantes
fais-moi la fête
dis-moi Sophette
ce qui te passe par la tête
dis-moi tes sentiments
tes émotions tes doutes
très regrets également
tes fantasmes tes ressentis
dis-moi tout
parle-moi abondamment
je ne me lasse pas de ta voix
de ta parole dans mon cœur
dis-moi Sophette

Sans

Robe Desigual noire
chaussures à talons assortis
bas idoines s'arrêtant à l'entrejambe
sublime regard azuréen ouvrant sur l'infini
de promesses insondables
et rien en dessous
strictement rien d'autre que son corps voluptueux
Qui le sait ?
Même pas lui
le cœur de cible.
Elle avance
un sourire radieux sur les lèvres qui se reflètent dans ses yeux
elle avance
sans culotte ni soutif
elle avance
vers son cœur de cible
elle sait par avance
ce que va provoquer sa danse
la bouche entrouverte
sur des désirs qui dévorent les sens
elle avance
fantasme incarné qui jouit d'avance
d'être sans…

Aimante

La douceur du regard ; la rondeur des bras enveloppants ; la légèreté des doigts. Sur moi. En moi.
Lumière d'un amour que je perçois de jour en jour, m'inondant d'un velours intempérant.
Tout en toi est aimant. Et aimable. Tout.
Cet amour qui cascade sur mon être déboussolé par tant d'envolées souvent inexprimées.
Juste devinées.

Comment peut-on m'aimer autant ! Avec un désir aussi ardent !
Je suis ton amant. Je suis ton amoureux désarmé. Et si consentant.

Qui ?

Pourquoi suis-je torturé
je me tourmente moi-même
à ne pouvoir vivre l'instant
je m'égare dans l'abscons
je ne sais pas ce que je veux
je ne sais plus
l'ai-je jamais vraiment su
comme si la solitude était mon but
mon ultime vertu
qui suis-je
qui suis-je donc
dans cette configuration qui me démonte ?

Marco

Marco sans polo
va conquérir un continent
à la sagesse éventée
elle est infernale
cette terre qui colle partout
qu'il faut cultiver et planter
de mots doux et d'amour surtout
afin de l'apprivoiser et l'amener à être
plus raisonnable avec ses lianes
qui s'incrustent dans tous les recoins
avec une voracité débordante
Mais qu'elle est séduisante cette île
au cœur de l'océan de vie
qui porte Marco avec envie
dans sa solitude de voyageur

épris d'une terre sensuelle et généreuse
chaque fois qu'il accoste
son quai lumineux.

Obsolète

N'est-il pas obsolète
cet enfant ce jeune adolescent
qui met les pieds sous la table
en attendant le repas de maman
n'oublie-t-il pas trop rapidement
qu'un micro-ondes ne fait pas tout
loin s'en faut malheureusement
ni le ménage ni le repassage
encore moins les câlins de maman
le soir quand il se sent un peu désarmé
par une vie qui va parfois trop vite
même pour un adolescent
N'est-il pas obsolète
ce vieil enfant
un peu comme nous tous finalement
à force d'oublier de vivre tout simplement

Quel est

Quel est cet amour
qui grandit doucement
et berce mon cœur
d'un sentiment
qui n'est pas un torrent tumultueux
mais un ruisseau qui s'écoule
paisiblement
dans la plaine infinie de la vie
tantôt fougueux tantôt vertueux ?
Elle me… elle a… elle fait…
elle est…
qu'en dire ?

Elle est si lumineuse
simplement lumineuse
avec cette douceur ardente
qui m'enchante
Quel est cet amour
qui m'a saisi à bras-le-corps
en plein cœur ?
Elle me… elle a… elle fait…
elle est…
oui elle est tout ce qui me ravit
le corps et le cœur
j'ai tous les sens en feu.

             Silence, je me tourne !

Élancée rayonnante lumineuse
la bouche qui se tend et se détend
lèvres souriantes regard flamboyant
nue plus nue qu'a sa venue au monde
Contre-plongée vertigineuse
debout dans une lumière radieuse
les bras infinis le long du corps
et la main qui pense
et les doigts qui dansent
les mains en transe
En contre-plongée elle s'encense
avec une flamboyante insolence
sous l'œil impassible qui la filme
la cible et la crible
d'une sensualité décuplée
elle se montre elle se donne
pendant qu'il la visionne
avec une voluptueuse perversité
Contre-plongée sur cette orchidée
qui se déploie s'ouvre s'émeut
et se contracte dans des spasmes
d'autant plus réjouissants

qu'elle sait qu'il se repaît
de la voir à distance
dans le boudoir de l'absence
en attendant qu'elle s'élance vers lui

Ciel vibrant

Je respire ce ciel limpide
qui invite à prendre le temps
de vivre paisiblement
rayonnement de la lumière
sur des jours à l'ombre
d'arbres dodelinants
au gré d'un vent bucolique
ciel à la luminosité qui me saisit
presque grisant de pureté
je me sens petit dans l'infiniment grand
je me sens grand sous ce petit coin de ciel
au-dessus de ma tête que l'amour perce
à jour en berçant mon cœur
j'ai soif de vie et d'elles
en respirant l'azur qui nous constelle
Comment ne pas ne pas les aimer
sous ce firmament aussi bleu que leurs yeux ?

Maïna

Décolleté plongeant
vers la vie l'être le faire
le défaire qui confèrent
une sensualité exubérante
aux seins qui dansent
et la bouche qui swingue
dans cet espace immense
d'érotisme intense
qu'elle offre avec un allant
confondant de pétulance

Décolleté vertigineux
vers une liberté
pénétrée par tous les sens
en un flamboiement de cultures
vibrant sous les fenêtres
d'une Normandie qui n'est pas
à cheval sur les principes
pour une fois

Décollement vers l'aventure
dans un regard bleu
qui pétille de 1000 feux
la passion à fleur de peau
à fond le cœur
téléportation irréelle
dans un monde d'étincelles
le temps se pose
et sourit
à l'envi

Sophie

Dis-moi oui
dis-moi non
mais dis-moi
oui
surtout
dis-moi l'amour
dis-moi la vie
dis-moi tout
dis-moi rien
rien du tout
fais-le
simplement fais-le
dis-moi ton sourire
dis-moi ton plaisir

dis-moi tes désirs
mais dis-moi
oui
avant tout
Donne-moi ton cœur
donne-moi ton corps
donne-moi tes sens
dans tous les sens
jusqu'à ton sexe
donne-moi ton sexe
sous n'importe quel prétexte
Sophie
dis-moi oui
à la folie
l'amour est fou
quand il surgit
!

Le bonheur

Le bonheur frappe à ma porte
fenêtres
rayonnement intense qui foisonne
dans tout mon être
le bonheur éclate dense
fenêtre
vers l'amour tous azimuts
qui foisonne intensément en rayonnant
la vie est belle
grâce à elles
si belle par les temps qui courent
trop vite bien trop vite
pour me laisser le temps de savourer
tranquillement
devant ma porte-fenêtre
le bonheur qui me foudroie
délicieusement

Larmes

Larmes d'amour
dans nos regards
toujours aussi épris
malgré...
malgré les jours qui ont changé de couleur
malgré les sens qui ont perdu leur ardeur
la vie avance au rythme du bonheur
car la tendresse danse toujours
au fond de nos cœurs
quand nos yeux s'enlacent
en dessinant sur nos joues
des larmes d'amour

Vidéo

Tressautements de gambettes qui labourent le sol de pièces en enfilade à l'infini. Elle trace, elle sillonne sa longère désormais embourgeoisée, de pièces lumineuses en pièces désuètes aux tapisseries d'un autre temps du sol au plafond. Pièces lugubres idéales pour séances de SM. Tressautements de la vidéo au gré du staccato pédestre. Tout chaloupe. Et la voix qui scande, scande, au gré de son enthousiasme. Gorgée de vin blanc ou de mondanité au passage, ponctuant ce parcours qui sautille au gré d'un téton lançant des œillades en coin, par-dessus un débardeur à la légèreté étudiée. Libertinage. Liberty nage vers quoi donc ? Et le tour du propriétaire recommence avec le même entrain gambadant, et la vidéo tangue en tous sens, sens giratoire, sens ostentatoires. Jusqu'à la prochaine gorgée de vin liquoreux dans son verre à pied, lui aussi. Vidéo impudique à la faveur d'un bond technologique. Le monde va trop vite pour un vieux ectoplasmique. Sauf le monde d'un autre temps.

Sublime

Élancée
      si élancée
            dans sa posture gracile
si gracile dans sa nudité élancée
élancée vers quoi
        vers qui
vers moi ?
Vers quel regard épris
de tant de beauté qui s'offre
dans sa nudité sublime
            si sublime en vérité
de la tête aux pieds
du cœur à l'âme
tête renversée
qui pense à quoi
        à qui
à moi ?
Don d'amour inestimable
ses seins qui se tendent son nid d'amour qui se donne
à mon regard de velours
Insatiable regard
sur cette beauté tellement désirable
et désirée qui sait se laisser désirer
par amour

Lubricité amoureuse

La queue
elle renverse ma queue
avec tant de sensualité
qui asperge mes sens
pervertis par sa bouche
aussi gouleyante qu'un nectar
à la perversité étudiée
Je ne suis qu'un cierge

qui attend de plonger sa mèche
dans son éteignoir accueillant
Con inénarrable con qui ouvre
son sanctuaire à un chibre
piaffant de désirs fusionnels
qui se pourlèche d'avance
dans une envolée effrénée
affamée de sa cambrure déployée
vers un nirvana partagé
La grotte
entrer tête nue dans sa grotte
avant d'être sucé
sans frein aucun
que le jouir à deux
avec le même entrain
dévergondé par faim

Se prélasser à deux

Je me prélasse avec elle, contre elle, sous elle, en elle.
Elle se prélasse contre moi, près de moi, sur moi, imbriquée à moi.
Sensualité, délassement, épanouissement, sérénité.

Qu'est-ce qui nous arrive
sur cette rive
au milieu de partout
au milieu de nulle part
source d'amour
océan de vie

Je me délasse quand elle m'enlace, quand elle m'embrasse, quand elle m'extase.
Comment veux-tu que je me lasse de t'aimer dans cet espace de liberté ?
Lorsque le bonheur se surpasse, il suffit de prendre le temps de le humer.

Qu'est-ce qui nous arrive
sur cette rive
au milieu de partout
au milieu de nulle part
source d'amour
océan de vie

Brasse-nous dans ton corps qui entrelace nos sens debout.
J'aime les traces vivaces qui se déroulent devant nous.
Je t'aime avec cette foi qui déplace les cœurs vers nos sens en phase.

Libres à deux

Libre à deux
sans s'égarer se disperser se perdre
dans des sentiers vains et illusoires
sans se fourvoyer avec soi-même
soi-disant pour être libre
de qui ou de quoi
le sait-on vraiment ?
Libres ensemble
dans le lit de l'amour
sur un chemin sans détour
que la vérité nourrit d'une liberté
aussi insoumise que nos cris
de jouissance quand le corps
soudain retentit dans le silence
qui nous unit avec légèreté.
Libres toi avec moi
nous à bras-le-corps
le cœur comme un étendard
suspendu au-dessus de nos accords
je suis libre parce que tu l'es
parce que nous le sommes

dans une aisance prenant la forme
de nos regards énamourés
grâce au bonheur qui nous porte
vers une liberté sans autre but
que le plaisir de nous retrouver
encore et encore.
Car je t'aime femme libérée
en quête de son authenticité profonde…

Alanguie

Alanguie sur ton lit
nue pour mes yeux ravis
juste pour mes yeux épris
et séduits d'être éblouis
par ton corps alangui
qui s'offre à l'objectif
de selfies d'amour
pour mon cœur conquis
par ta beauté étendue
sur ce lit par envie
pour me donner de quoi
m'évader par toi autant qu'en toi
en attendant que tu sois là
tout contre moi
nue comme sur tes selfies
avant de fondre en moi
comme dans la vraie vie.
Nue sois encore nue
mon amour pour mes yeux
si avides de te découvrir
jour après jour

Paisible

Le ciel est pur
traversé par quelques oiseaux aux ailes déployées
vers l'éternité du temps
Et cet horizon infini
qui s'étend à perte de vue
devant mes yeux apaisés
Bonheur paisible
je l'attends elle apprend
je la suis de loin de près
elle repart elle revient
elle vit elle va
l'amour est libre l'amour est étrange
parfois souvent toujours
La lumière du sud me subjugue
et me submerge d'amour
de libertés et de sérénité
j'ai un peu perdu d'elle et trouvé autre chose de nous
liberté et sérénité

D'ici

Je ne suis pas d'ici
je suis de là-bas
pourtant je suis chez moi
entre ses bras
je suis d'ici et de là-bas
dès que son corps m'enveloppe
et m'emporte entre ses bras
car je me sens tellement chez moi
dans ces moments-là
loin d'ici et loin de là-bas
vers un ailleurs qui n'appartient
qu'à elle et moi

Chambre intime

Elle revient   enfin
elle est revenue
je passe ma tête dressée
par sa porte entrouverte
comme une invite pressée
à plonger dans son antre
aussi humide que nos baisers
afin de la humer sans compter
en des va-et-vient époustouflés
par tant de liberté partagée
et la humer encore et encore
me laisser parfumer
par le nectar de son corps
offrande suprême à notre désir
dans sa chambre flamboyante
de tous les soupirs

L'éloignement

Je
la regarde
s'éloigner
imperceptiblement
quoique
et
se rapprocher
à nouveau
enfin
Enfin je la vois revenir vers moi
comme avant
presque comme avant
avec cette lumière
et
cette évidence
qui nous ressemblent tant

                et tant
          et nous rapprochent
         dans une complicité
           qui n'appartient
            qu'à cet amour
           qui nous contient
                 Je
                 …

Connivence

Constante présence
                 diffuse
                         intense
                                  comme   une
connivence
qui infuse
Et les sens qui dansent
dans une incantation des sentiments
je t'aime tu me prends
tu me désires je te surprends
Pourquoi se comprend-on tant
en si peu de temps
dans un monde bien blême
oubliant que le bonheur aime
la douceur et la volupté de l'instant
non ces vaines rodomontades
qui ont perdu le sens des présents
Comme une connivence
                      intense
                              diffuse
                                        présence constante
quand je suis entre tes bras
                      TOI
l'univers de toutes mes joies
                    AMOUR
surgit du fond de la Vie
avec tant d'envies   d'envies   d'envies
      d'envies   …

Carrelage

Son petit cul nu
sur le carrelage écru
elle saisit le fruit tendu
devant son doux pertuis
car déjà il se réjouit
de plonger tout cru
dans ce petit cul nu
sur le carrelage écru
qui brûle de l'envie
de vibrer des assauts épris
d'un désir si éperdu
pour ce petit cul nu
sur ce carrelage impromptu
qui soudain s'enivre
de leur jouissance défendue

Hébétude

Meurtri
comme ce ciel maussade
qui rumine sa pluie
mes larmes oppressées
stagnent douloureusement
Pourquoi
cette incompréhension virulente
qui déborde
pourquoi pourquoi pourquoi
sur nous
Je t'aime
mal apparemment
sous ce ciel maussade
comme nous
dans un déferlement de tensions
Qu'arrive-t-il

sous le soleil qui nous anime
quel est cet orage qui m'affecte tant
je t'aime si imparfaitement me dis-tu
sous ce ciel menaçant
l'amour qui nous a réunis

Magnificat

Béni soit le suc de tes entrailles
lorsqu'il s'écoule dans ma bouche
la langue en éventail
comment ne pas aimer lutiner
l'entrée de ton soupirail
quand de son nectar émane
des effluves paradisiaques
que mes lèvres réclament
en savourant les tiennes
tout feu tout flamme ?

Toi et moi

Toi. Moi. Nous. Eux. Toi, toi, toi. Délicieusement toi. Là-bas, tout là-bas. Ici, intensément ici, en moi, au plus profond de moi. Moi. Toi. Nous. Eux. Pourquoi toi ? Pourquoi moi ? Pour être nous. Nous au plus profond de nous. À côté d'eux. Près d'eux. Sans eux. Qu'importe, mais nous. Toi et moi. Moi et toi. Pourquoi nous ? Si fabuleusement nous. Et nos cœurs qui palpitent en chœur, à l'unisson, à l'unité. Uniques. Les mots m'échappent. Les vers se délitent. Je ne trouve pas les mots pour dire nous. Toi. Moi. Et nos sexes de plus en plus fous. De nous. Probablement de nous. Nos sens au diapason. Sensualité indicible. Nous, cœur de cible. Notre amour. Notre amour. Venu de je ne sais où. Mais venu avant tout. Par-dessus tout. Pour nous. Toi. Moi. J'aime la vie. Que j'aime la vie au-delà de tout. Que j'aime le temps. Non, je n'aime pas le temps. Sauf celui passé entre tes bras. Je n'aime pas du tout le temps car il m'éloigne inéluctablement de toi, chaque jour qui vient, chaque jour qui part. Pourquoi toi ? Pourquoi moi ? Parce que la vie l'a voulu ainsi. La vie sait ce qu'elle veut pour nous. Pas nous. Nous sommes cet instant qui nous tisse à chaque moment et nous rend plus grands. Plus forts. Alors vivons ! Vivons ce que la vie nous réserve. Toi. Moi. Nous. Eux. Que serions-nous sans eux ? Sans elle qui nous a ouvert le chemin. Vers toi et moi. La vie est incroyable parfois. Si incroyable, ici-bas. Où sont tes bras ? Je veux tes bras et ta fleur en émoi. Oui, ta fleur. Maintenant. Maintenant toi et moi. Moi en toi. Toi sur moi. Qui me survole, m'envole, me frivole. J'aime. J'aime tant t'aimer. Jusqu'à l'ivresse. Des sens. Des sons. Parle. Parle-moi encore. De toi. Toi. Toi. Et de moi. Parlons de nous. De tout. Parlons. Et puis… Et puis aimons-nous. Aimons-nous à l'infini. Demain est un autre jour. Après-demain également. Nous sommes présents. Nous sommes le présent de chaque instant de notre amour. Demain est un autre jour.

Susceptibilité

Susceptible
su.scep.ti.ble
parce que coupable
forcément coupable
pourquoi
parce que c'est ainsi
depuis le début du temps
parce que c'est ancré
engrammé
c'est pavlovien
instinctif
tellement peu confiance en soi
tant vécu avec le besoin

de se sentir indispensable
in.dis.pen.sa.ble
par manque de confiance en soi
à en être susceptible
su.scep.ti.ble
car elle ne veut plus
être indispensable
in.dis.pen.sa.ble
enfin
mais comment ne pas se sentir coupable
afin de cesser d'être
susceptible
comment ?
Le temps le dira
ou ne le dira pas
dur de se délester
de certains poids
croyez-moi

Séisme

Effondrement amoureux
comment c'est possible
mais comment c'est possible
après un tel amour une telle lumière
déchaînement d'affects
entre deux cœurs
les corps n'étaient plus mais
c'était sans importance
seul comptait l'amour
je pensais
naïvement je pensais
virulence intempestive
fulmination vitupérante
pourquoi pourquoi pourquoi
nous déchirer
Babel pourquoi ce Babel

je t'aime
autrement différemment comme tu voudras
mais ça reste de l'amour
pour moi en moi
séisme affectif
bouleversant bouleversement
vers où allons-nous
dis-moi
ne t'éloigne pas pas trop loin
je tiens à toi à qui tu es
par-dessus tout

J'espère

Je t'aime même si tu ne le crois pas
et j'espère
j'espère depuis toujours
des lustres je crois
l'espoir est en moi comme la vie
j'espère comme d'autres respirent
si je n'espère plus je ne vis plus
j'espère quoi je ne sais pas
j'espère tout simplement
au fond de moi
j'espère en nous
et tu t'éloignes vers quoi
quel est ce chemin qui nous a unis
quel est ce chemin qui nous sépare
j'espère et je pleure
j'espère et je ris
c'est la vie
le temps appartient au temps
je n'appartiens qu'à moi-même
et mes espérances d'éternel enfant

Paradis

Vivre dans ce lieu, cet espace paradisiaques
sous ce ciel, cette nature paradisiaques
rêve éveillé chaque matin, à chaque instant
dans un calme apaisant, revivifiant
vivre pourquoi cesserions-nous d'y vivre
dans ce petit coin de paradis où les écureuils vivent leur vie
avec l'allégresse pétillante de roux farfadets
c'est notre paradis par-dessus tout
havre d'accueil et de libertés conjugués
que sera-t-il sans toi ou moi, sans nous
que sera-t-il sans cette lumière venue de nous ?
Je regarde le ciel qui palpite
sérénité ultime au-dessus de nos cœurs qui bouillent

Le temps

Allégresse de nos corps exubérants
paresse de nos corps indolents
qui suis-je exactement
que suis-je pour que tu m'ouvres ton cœur plein d'élans

Le temps le temps le temps
n'est rien d'autre que des instants des moments
des plaisirs intenses des bonheurs fugaces
que nous nous donnerons de temps en temps
par amour par amour tout simplement

J'aime t'attendre j'aime la solitude de l'attente
elle rend nos retrouvailles bien plus nécessaires
douces absences temporaires où je peux t'espérer
et te rêver en pensant à ce que j'aimerais te faire

Le temps le temps le temps

c'est tout ce qui nous dilue au rythme de nos respirations
seul le plaisir la jouissance qui nous sous-tend
fait vibrer chaque moment que nous partageons
dans un présent aussi intense que le futur est en instance

Je t'aime sans attendre comme j'aime l'attente
de te savoir regagner pleine de succulences inavouables
désir sublime désir de toi de ton être de ton corps ton sexe
inassouvissable et tellement flamboyant quand il chante

Élégie pour des seins

Comment dire ? Mais comment dire ? Comment ne pas rester sans voix ? Dans un recueillement aux bras ballants devant tant de beauté fragile offerte à un regard en adoration. Définitivement en adoration devant ses seins. Cette poitrine sans arrogance, frêle et « juste ce qu'il faut », pour lui, juste pour lui, pour ses yeux ravis, son cœur épris. Juste pour lui. Et elle. Elle aussi. Car elle en jouit, ils en jouissent en chœur, accord, à cor et à cri dès qu'ils sont introduits dans l'autre, dans l'être de leur cœur, de leur corps sexué d'amour à faire vibrer d'envie. De désirs infinis. Insatiables. Et enivrants. Si enivrants. Dis, comment dire ? Mais comment dire ce qui nous unit ? Comment ne pas être conquis par la grâce de tes sens que tu déplies avec délice afin de le faire vibrer, lui, avec malice ? Allégorie, le bonheur est une allégorie de la vie, mon amour. Le savais-tu ? Dis, le savais-tu, toi ma vie en ce jour ? Dénude-toi encore et encore, je suis tant réjoui. Ne te lasse pas. Vas, ne t'arrête pas dans la libération de nous-mêmes ! Ne t'arrête pas. Attendrissants seins qui m'emportent si loin quand ma bouche les rejoints. Douce perversion complice qui unit nos sens propices à l'évasion. Ne t'arrête pas. Surtout ne t'arrête pas en si bon chemin, la liberté nous appartient. J'aime tant cette poitrine mûre à souhait qui me livre peu à peu ses secrets. Ils m'enchantent et chantent si bien sous mes arpèges. Viens !

Guingois

Bas complètement de travers
haut complètement à l'envers
de la tête aux pieds des pieds à la tête
et la chair qui part en goguette
tordu jusqu'au bout de la vie
mais frétillant à l'envi
le cœur à l'endroit
le sexe gaillardement droit
et toi qui en joues allègrement
et moi qui suis ton aimant
je suis vivant tellement vivant
entre tes bras d'amour époustouflant
et si droit dans ma tête maintenant
maintenant que je danse sereinement

Ravissement

Ce corps qui s'offre malicieusement à un regard reconnaissant devant sa beauté radieuse ; ravissement.
Travelling provoquant de haut en bas sur la nudité gracieuse d'un amour librement en joie ; ravissement.
Recueillement, il est dans un tel recueillement face à cette chair aussi nue que la vérité ; ravissement.
Ce corps qui se donne à voir par amour, par désir, par espoir et dans l'attente de se revoir ; ravissement.
Sourire malicieux, provocateur jusqu'aux dents, à rendre les armes et à tendre sa flamme, ravissement.
Vision appétissante qui soulève les voiles de la décence dans un jeu d'amoureux espiègles ; ravissement.

Je t'aime canaille jusque dans mes entrailles, je t'aime croustillante jusqu'à l'insolence ; ravissement.
Émerveillé par la grâce langoureuse étendue qui se découvre méticuleusement jusqu'au ravissement.
L'amour est un feu embrasant les sens au-delà des frontières, tu m'aimes à te dévêtir ; ravissement.
Je suis un enfant, je suis un amant, je suis si aimant d'être aimé tant et tant jusqu'au ravissement.
Provocation sublime qui dit bien plus de ton amour que tous les mots qui nous bercent ; ravissement.
Rien n'est plus beau que la femme que l'on aime, rien n'est plus beau que de la voir jouir ; ravissement.
Jouis ! Jouis donc. Pour mon ravissement.

Indécence

Tous ces jeunes SDF qui jonchent les trottoirs sans espoir de leurs regards tristes.
Tous ces vieux jamais repus de fric et de fric encore qui crèveront comme le plus misérable des corps.
Tous ces immigrants que l'on vomit car c'est la volonté de l'économie qu'on les méprise et les jette tels de vulgaires chaussettes.
Toute cette richesse, toute cette richesse nauséeuse, cette violence, cette violence, tous ces morts dans l'indifférence, dans l'indifférence, indécence.
On crève en silence, on tue avec arrogance, l'amour est une arlésienne qui panse ses blessures au milieu d'un cortège d'indécences.
Tout ce mépris des égalités, des souffrances, de la précarité, des intolérances, jusqu'à l'indécence.
L'homme est un loup pour l'homme, jusqu'à l'indécence.
Et je suis un homme, moi aussi. Je fais partie de cette humanité indécente qui perd la boussole, la lumière, le sens, le sens. Tout n'est que résignation avilie, désolation, fatalisme et égoïsme, jusqu'à l'indécence.

Que devient l'amour ?
Mais que devient l'amour quand l'humain court vers son inhumanité ?
Que d'indécences dans la matérialité aveugle de nos silences complices !

Échos intérieurs

La nuit tombe
après un jour sans nuage
comme notre amour
qui voyage
entre les lignes de nos cœurs
et les recoins de nos corps
la nuit tombe
mais le soleil brille encore
dès que je pense à tes yeux
qui m'illuminent de jours radieux
le printemps arrive
je t'attends sur ma rive
reviens quand tu veux
sur ce lit qui nous porte aux cieux
M'entends-tu penser à toi
avec cette douceur si ardente
qu'elle me met en joie

Déclaration enflammée

Mon corps s'abreuve de toi
mon nectar sensuel
toi qui désaltères mes sens
de voluptés éternelles
tout est si fluide entre tes bras
que je me sens limpide
et plein de soupirs d'émois…
Que ta chair m'emporte
vers un ciel de désirs

que mon lingam accort
ne pensais plus découvrir !
Prends-moi prends-nous
sur notre lit de jouissances !

Midinette

Telle une midinette
elle a rougi d'avoir osé
oser des baisers ardents
– elle qui a pris un autre chemin
s'est éloignée vers son destin –
comme si c'était péché
ou trop audacieux
de se laisser aller
avec son amoureux
Car je l'aime dans le lit de
nos différences nos ressemblances
nos éclipses nos rayonnements
je l'aime par-dessus tout
Hérésie ou douce folie
qu'importe la raison
ce rougissement si touchant
fait vibrer l'horizon
de son éternelle virginité
de femme-lumière
au cœur de midinette
sur son chemin de traverse

Ému

Elle est l'essence de son amour
la quintessence de ses désirs
la délivrance de ses sens
Elle est
Il devient
Il sera
Car ils sont

l'essence de leur amour
la quintessence de leurs désirs
la délivrance de leurs sens
Ils sont
Ils seront
la liberté et l'indécence d'être libres
en tous sens sur tous les fronts
partout où leur amour ira
où leurs désirs les emporteront
Il est
ému d'amour et de fougue
Elle est
si ardente et amoureuse
Ils sont
sur une vague de vie intense

Aveu

Je n'ose te le dire
car tu en douteras je crois
le gardant en un coin de moi
qu'encore je te désire
comme autrefois
juste plus légèrement
rien de trivial en cela
rien d'animal ni de vénal
dans cet émoi
rien qu'un élan du cœur
animé par ta luminosité profonde
aucune douleur aucun regret
en cet élan qui jaillit soudain
un simple élan
tel l'aveu d'un amoureux
épris profondément
malgré le glissement des saisons

Mélancolie nostalgique

Ces envolées à bâtons rompus au fond du soir, dans la douceur du lit
ces discussions intarissables
si pleines de vitalité, d'amour et de lumière
que sont-elles devenues
dans la fraîche solitude de nos nuits
qu'est devenue la chaleur de ta voix
dans ce crépuscule sans toi ?
Le Verbe était alors chair, si cher
bien plus que la chair
que sont nos paroles advenues
elles ne sont plus que l'écho de nos jours
ces rares jours qui nous unissent encore
par les bercements stimulants de nos mots
rebondissant dans nos cœurs pleins d'esprit
trop rares jours… mon amour
de toujours
mais la nostalgie n'a plus cours
la vie est sens dans sa chair
qui nous emporte
sur le vent du sud, le temps des amours
et du silence qui nous entoure
Quelle est cette mélancolie qui m'inspire ?

Il faut que je te dise

Il faut que je te dise, ta saveur exquise, la douceur de ton cœur, la verdeur de ton sexe en fleur, il faut que je te dise, je crois que mon âme est éprise de la liberté que tu as conquise entre mes bras. Les mots sont de peu de sens, de peu de poids près de toi, ils s'évaporent mais il reste toi tout contre moi, et moi en toi parfois. Il faut que je te dise, le bonheur est de mise sous les lèvres exquises nichées à la porte du temple de tes émois, il faut que je te dise, ta sensualité s'est permise de réveiller ma léthargie d'homme égaré sur sa banquise. Le temps n'a pas d'incidence sur toi et moi, il est complice des amours fous, des rires de bonheur qui se déploient sous le soleil, le temps glisse sur toi et moi au rythme de tes doigts.

Pluie printanière

La pluie cadence mon regard
flic flac dans la flaque
qui s'éclate sur la table
j'aime ton âme mon amour
dont la douce lumière
baigne nos jours d'escapades
toi dont la sensualité embrase
mes sens d'une ardeur divine
à la volupté si intarissable
La pluie éveille mon cœur
flic flac dans la flaque
qui s'éclate sur mon bonheur
j'aime ton âme mon amour
lorsqu'elle révèle sa flamme
au grand jour de nos frissons
elle est si belle cette âme
qui ravit mes rêves d'évasion

De nous

Ne pas te voir
ne pas t'entendre
ne pas savoir
que tu es dans le tendre
inquiète mon cœur
à pierre fendre
le temps suspendu
entre hier et aujourd'hui
j'entends le vent

j'entends la vie
et le silence qui me dit
que l'amour est ici
et là-bas aussi
dans un lit qui se languit
de nous

Je pense à elle

Lorsque le soleil me sourit
je pense à elle
lorsque le vent me caresse
je pense à elle
L'amour est infini
comme le temps qui nous emporte
Quelque chose en moi rit
entre ses ailes accortes
et s'épanouit quand je suis
en elle en son âme charnelle
Lorsque la vie me prend
je pense à elle
lorsque le désir me surprend
je pense à elle
à elle
elle

Je t'aime, tu sais

C'est quoi un poème ?
Des émotions qui s'enchaînent
en mots choisis
par le cœur qui dit
je t'aime, tu sais.
Je ne suis plus le même
tu es devenue autre
mais les mots sont toujours épris
de toi si pleine de vie

dans mon cœur qui dit
je t'aime, tu sais.
L'amour est un refrain
qui enchante un poème
inspiré par le cœur
même à la croisée des chemins
je t'aime, tu sais.

Larmes d'amour

Quelque chose pleure en moi
le temps s'en va si vite sans toi
quelque chose pleure c'est quoi
tu t'éloignes si vite loin de moi
de nous j'ai l'impression parfois
puis je te retrouve aussi fort
qu'avant avant quoi avant quand
Et il y a ce manque qui est là
qui ne se dit pas ou si peu qui va
qui vient qui vient par tout temps
ce manque soudain qui saisit le cœur
de tes fous rires de ta douce lumière
cette douceur humanisante cette prière
dans chaque geste tes sourires en fleur
quelque chose pleure je ne sais quoi
le cœur a ses raisons que la raison n'a pas
pas toujours en tout cas je crois
tout n'est que deuil tout n'est que joie
le reste tout le reste ma foi
il faut laisser les choses vivre en soi
il faut prendre ce qui vient et qui va
le bonheur c'est ça c'est aussi ça
ces instants divins où la lumière croît

Heureux

Je suis heureux
en pensant à toi
à ta douceur
qui m'habite
à ton amour
qui m'appelle
à tes bras volubiles
qui nous enveloppent
de leur feu

Je suis heureux
contre toi
avec toi par toi pour toi
le corps en joie
le cœur en fête
quelque chose chante en moi
et sourit quand je pense à toi
quelque chose vibre
je me sens si libre
dans ton regard posé sur moi
Je suis heureux
c'est ça le bonheur
je crois

Douche

Les oiseaux regardent
l'eau ruisseler
sur ce corps étendu
devant la fenêtre
d'un œil distrait
Douche
des mains douces
et fluides glissent
sur la peau éprise

d'en amour généreux
et terriblement sensuel
Douche
caresses lumineuses
sur ce corps offert
qui se détend
et s'émancipe soudain
sous la volupté qui l'étreint
Douche
coquine comme sa main
lutinant ce sexe
désormais fringant
sous le chant savonneux
qui le ravit jusqu'à l'extase

En elle

En elle
le cœur bat fort et doux
le corps va doux et sensuel
le sexe vit sensuel et ardent
En elle
soleil et fraîcheur
lumière et lumière
volupté et liberté
En elle
j'aime voyager dans ses contrées
j'aime dormir dans sa chaleur
j'aime plonger dans son intime
En elle
il y a moi
un peu de moi
et beaucoup de nous

Si loin

Elle est si loin
la vie nous éloigne
si loin
de moi de nous
attachement détachement

Elle paraît si loin
tristesse au fond des tripes
le temps passe si vite
trop vite
lorsqu'il s'agit d'amour
qu'est le nôtre devenu
tristesse nostalgique
loin des rives natales

Elle est loin
manque abyssal
si loin
les chemins s'éloignent
sous mes pieds démunis
l'amour n'est-il qu'une météorite
entre nos mains songeuses
attachement détachement
les pensées ailleurs
un ailleurs indécis

Pourtant je l'aime encore
pourtant la vie continue
l'amour aussi
autrement certes mais autrement
l'amour continue
dans son regard
au moins dans son regard et ses mots

Deuil douloureux

Il n'est plus
le temps où
Il n'est plus
l'amour qui
Il n'est plus
le bonheur que
Il n'est plus
…
L'amour a passé
il reste l'affection
la tendresse des cœurs
la douceur des mots
la chaleur des regards
le feu des sourires
l'amour a passé
…
Tourner la page
de ce manque indicible
qui surnage dans le lit vide
depuis des nuits et des nuits
dans la douceur du printemps
concert de gazouillis
tourner la page
…
Reprendre le chemin
la vie continue
continue
…

Le soleil

Le soleil brillait à travers les gouttelettes de la douchette, sur la vitre face à moi, alors qu'une pluie torrentielle s'était effondrée du ciel toute la journée. Le soleil brillait pour moi à ce moment-là. Brillait sur ma tristesse aussi profonde que mon amour pour toi. Il est des jours ainsi, il est des jours comme ça. Ne cherchez pas à savoir pourquoi, les jours passent comme la pluie et la vie. Tout est éphémère ici-bas, la tristesse aussi, croyez-moi. Le soleil brillait d'un coup, tel un éclair de joie qui tomberait sur moi, sur ma tristesse de je-ne-sais-quoi. Il est des jours comme ça où rien ne va au fond de soi. J'étais triste sous un ciel sans joie. Et pourtant, la vie était bien là quelque part au fond de moi, attendant un sursaut de je-ne-sais-quoi. Lassitude extrême par jour de mauvais temps, insatisfaction suprême sans savoir pourquoi et cette tristesse qui traînait sous mon drap. C'était hier, cela pourrait être demain, il y a des jours ainsi où rien ne vient et rien ne va, à part ce chagrin que tu as décelé d'un regard sur moi.

Qui suis-je ?

Je ne suis pas moi   je ne sais plus que dire
    je retiens au fond de moi
        les mots doux
      nourris par les temps anciens
      toujours présents en moi
rien qu'en moi je ne suis pas moi   je   me
retiens pour toi   qui suis-je ?
    Et cette abrasion lente que je sens
   tourner la page   tourner cette page
     pour mieux aimer autrement et ailleurs

Étoile

Ô étoile en mon cœur
qui vole dans mon corps
et voyage sur mon être
plein d'un amour limpide

Ô étoile nourris-moi encore
de ta Lumière qui a la douceur
d'un zéphyr au souffle gouleyant
dans l'onde de tes yeux enveloppants

Ô mon étoile bonheur effervescent
je danse en mon cœur
dès que je sens ta main à fleur
de peau et de désirs en chœur

> Prends-moi encore
> contre toi
> contre nous
> prends-nous toujours mon amour

Bonheur simple

Fraîcheur du matin
douceur des chants d'oiseaux
dans les ramées alentour
soleil dans la frondaison
majestueuse d'un pin parasol
et ce silence profondément intense
et cette chorale d'oiseaux
au-dessus de nous
en moi
la vie est un chant apaisant
qui se respire au petit matin
dans une solitude d'amour

Mai 2018, un matin

Temps magnifique
petit-déjeuner sur la terrasse
au milieu des chants d'oiseaux (inconnus souvent)
dans la fraîcheur matinale
environné d'un silence pénétrant
apaisant et apaisé
sous l'ombrage d'arbres immenses
immensément bienveillants
Bienvenu au paradis
la vie commence et s'arrête ici
Bain d'Éternité
Ici je me sens petit et grand
je me sens Vivant
malgré les tourments
je me sens aimant la vie et l'amour

Je ne veux plus

Je ne veux plus courir.
Je ne veux plus partir.
Je ne veux plus rugir.
Je ne veux plus m'étourdir.
Je ne veux plus m'assouvir.
Je ne veux plus… je ne veux plus…
Je n'ai plus l'âge de m'enfuir.
Je veux vivre. Libre.
Sans désespérance.
Toutes ces désespérances enfouies.
Errances chaotiques aux confins de l'égotique.
Je veux vivre. Serein.
À l'ombre des pins le temps qui me reste.
Dans la majesté de la nature qui me berce.
Je veux vivre sous l'azur.
Nourri d'amour et d'air pur.
Je veux grandir. Encore.

En attendant de mourir un jour.
Car la mort attend son heure.
Avec sa bienveillance éternelle.
Comme j'attends ton retour.
Mon amour. Mon bel amour.
Je veux vivre. Si tu savais combien je veux vivre.
D'autres jours entre tes bras.

J'ai tant besoin

J'ai tant besoin d'amour
j'ai tant besoin de temps
j'ai tant besoin de vie
j'ai tant besoin de vent
j'ai tant besoin d'émois
j'ai tant besoin de joie
j'ai tant besoin de foi
j'ai tant besoin de soie
j'ai tant besoin de toi
de toi qui est la vie le vent le temps la joie la foi la soie
l'amour les émois d'amour
amour amour amour
j'ai tant besoin de nous
j'ai tant besoin de ton rire
de ton sourire de ton désir
j'ai tant besoin
besoin
de rien
et de tout
de tout et de rien
quand je suis entre tes mains
j'ai tant besoin
de te boire
tant besoin

Pourquoi ?

Nudité exquise

Ce corps noir et blanc qui s'élance
dans l'encoignure de mes yeux
svelte et songeur dans sa pose
langoureuse de femme-saison
Douces courbes qui galbent
mes rêves d'éphèbe décati
Envelopper intensément cette chair
qui se donne à voir donc à prendre
dans un élan d'amour et de désirs
la longer d'un regard désarmé
par cette beauté offerte à mes mots
mes vers sans rime pleins de raisons
Et cette fesse allègre si tentante
qui tend sa chair d'une pulpeuse liberté
Ce désir qu'elle suscite ce désir qu'elle nourrit
de son être qui m'habite de son corps qui m'envoûte
Et ce bout de sein qui m'invite
à voyager dans son intimité de femme-horizon
Laisse-moi te contempler mon amour
jusqu'à la déraison de tous mes sens
vivre dans ton regard est si doux
plonger en toi mon Festin est si bon

Mélancolie

Mélancolie sur ce lit
sous un ciel lugubre
qui tonne et vomit
j'élucubre
Mélancolie et puis
l'amour encore et toujours l'amour
et la vie mais la vie avec amour
sans cette mélancolie aussi
vague tristesse vague déprime
tout est vague et indéfinissable

tout et rien tout est rien rien du tout
tout est tout et après après tout
Mélancolie sur ce lit qui dit
que veux-tu sais-tu ce que tu veux
en es-tu sûr je n'en suis pas certain
moi non plus c'est ça le souci
Mélancolie récurrente résurgente
telle une insatisfaction qui s'incruste
mélancolie sur ce lit ce lit obsédant
qui se colle à lui lui obsédé
et puis la vie la vie mélancolique
par mégarde par endroits parfois
qu'est-ce qui est triste
qu'est-ce qui ne va pas
que veux-tu toi au fond de toi
remettre les pieds sur terre
vivre à l'endroit

      À côté

Il y a du bruit
    à côté
et de la vie
     en haut
sans moi
     qui n'entends pas
du fond de mon lit
     qui n'entends plus
rien
  rien du tout
du tout
plus de bruit plus de vie plus d'envie
que cette solitude qui siffle
dans l'oreille immuablement
il y a du bruit
     dans l'oreille
il y a de la vie
     qui appareille

autour de moi qui
                n'entends rien
qu'un silence prostré
dans la tête assourdie
seul au milieu de nulle part
seul avec mes mots
il y a de l'amour
                encore et toujours
il y a de l'amour
                mes amours
comment ? que dis-tu ? je n'entends pas

Respiration-inspiration

Sous les arbres immenses
respirer le temps
respirer la vie cette vie qui inspire
contempler paisiblement l'instant hors du temps
magique intensément
rien ne bouge pas de vent pas une brise
sous les arbres immenses
immensément apaisants
respirer la sérénité suspendue au présent
telle une évidence qui napperait la vie d'un souffle présent
renaître Dieu renaître légèrement
sous les arbres immenses environnants
sentiment de vie
reconnaissant
l'éternité est ici et maintenant
Tout en moi sourit tout

Chambre à part

L'une en haut, l'autre en bas. De bas en haut et de haut en bas, l'amour voyage sur leurs émois. Libre. L'amour est libre lorsqu'il est sans fard. Lorsqu'il est léger.

Lorsqu'il est eux. Sans de peut-être ni de sans doute. L'une monte et descend et monte encore. L'autre attend et prend son temps pour attendre encore. L'une en haut et elle qui va et vient. Elle qui s'en revient et s'en repart. D'ici à là-bas, de là-bas à ici, entre deux vies et tant d'émois divergents. Elle vient pour eux, elle et lui. Pendant que l'une est en haut et l'autre en bas, avec elle. L'amour est ainsi. Parfois. L'amour est partage. L'amour est voyage entre les cœurs à l'ouvrage, sans entrave ni bagages autres que le bonheur. D'être. Le temps que le temps voudra et que l'amour pourra.

Eux

Elle sur lui
                lui en elle
                              eux
                            désirs
                            intenses
                            soupirs
                          d'abondance.

Elle sur lui
                lui en elle
                              eux
                            unis
                      en un corps
                          unique
                      en accord
                        magique.

Elle sur lui
                lui en elle
                              eux
                        jouissants
                 en un réjouissant
                          acmé
                        des sens
                      et des cœurs

orgasmes.
La vie est un orgasme
à tout instant
à tout instant
lorsque souffle le vent des corps à corps en chœur
à corps et à cris
dans sa gorge déployée vers la lumière
femme-plaisir femme intense femme
qu'il aime ta flamme qui s'élance
et se lâche et se lâche encore et toujours plus
par don
et envie
Elle sur lui
        lui en elle
               eux
        qu'importe comment
            mais eux
       nus jusqu'aux dents

Être seul

Être seul
dans l'immensité environnante
seul
dans son immensité intérieure
au-dessous des gazouillis
et ce silence pénétré
ce calme envoûtant
se fondre dans sa vie
se dissoudre dans son être
jusqu'à se confondre avec l'alentour
et n'être plus que sa propre éternité
suspendu
dans sa solitude
paisible
tellement paisible
l'espace d'un instant hors du temps

J'aime

J'aime te savoir libre
j'aime te sentir vivre
j'aime te savoir proche
j'aime te savoir en haut
j'aime te savoir là-bas et ici et ailleurs
j'aime te savoir exister
j'aime te savoir rayonner
j'aime te savoir scintiller
j'aime te savoir libérée
Tendresse infinie d'un amour indéfini sable minéral animal végétal
qu'est-ce qui nous assemble qu'est-ce qui nous ressemble
la vie n'est pas ce qu'elle semble la vie est sous l'apparence
l'apparence de l'apparat ou l'apparat de l'apparence
j'aime ce qui fait toi ta singularité
son fondement et son essence
j'aime
et toi ?

Doutes et frustrations

Et alors ? Et après ? Et maintenant ?
Je n'en sais rien. Je ne sais pas encore. Je ne sais pas toujours. Je ne sais peut-être jamais ?
Et maintenant ?
Il fait beau. Il y a du vent. Il y a souvent du vent sous l'azur septentrional. Le vent lasure les sens en tous sens. En tout lieu. Mais il fait beau. C'est déjà ça, tu ne crois pas ?
Il pourrait faire… Ce serait peut-être mieux… Peut-être préférable… Peut-être ou peut-être pas…
C'est si fluctuant, la vie. L'amour, le désir, l'envie, le temps. Tout, tout est fluctuant.

Mouvement. Toujours du mouvement. En haut. En bas. Partout. Là où il y a de la vie. De l'espoir aussi.
Sans espoir pas de vie. Plus de mouvement. Plus rien que le néant. La vacuité.
Et alors ? Et après ? Et maintenant ?
J'attends. Quoi ? Si seulement je le savais. J'attends.
Il fait beau. Au-dehors. Il fait beau. Au-dedans ? Un moment de doute. De spleen.
Amour factice ? Mensonge d'amour ? Déception frustrée. Frustration. Déçu. Frustré.
Un fantasme de moins. De moins en moins. De fantasmes. Réalité crue. Réalité nue. Pesanteurs.
Quelque chose se dérobe. Enrobe-le. En attendant que le vent tourne. Que le temps change. Le temps du cœur. Indécis, le cœur. Le temps des cœurs aux priorités autres. Différence d'envies. De besoins.
Différents dus aux différences. Pas d'idéal. Pas d'idylle. Pas de finale. Sursis. Répit. Repos. Repas.
Après le repas de fête, le repas de diète. Après la fête, la diète.
Et alors ? Et après ? Et maintenant ?
Il fait si beau. J'attends.
Surfer sur le vent. Surfer sur le temps. Surfer sur les sentiments. Surfer sur tout, tout le temps.
Et après ? Après est un autre jour. Autre chose. Après c'est la vie.
La liberté. La liberté d'être maintenant et ici. Éternellement. La liberté d'être mouvement.
Je suis.
Il fait beau.

Ose la vie !

Ose la vie   ose l'envie
ose dire non   ose dire oui   ose être toi
le passé ne reviendra plus
        les regrets sont vains

							le présent se dépérit sous
					tes pieds
ose la vie à l'envi à la folie
						Soi
					qui tu es
et pas cet ersatz				pas l'ombre de toi-même
celle que tu traînes tant bien que mal au fil du temps en attendant
en attendant qui en attendant quoi
la vie ?
Ose la vie   ose vivre à la folie par amour pour toi et
pour autrui   par amour pour la vie   ta vie

					Rigueur

Connais-tu les rigueurs de l'amour
quand le ciel soudain s'assombrit
au détour d'une tension de l'esprit
et du cœur quand l'exaspération surgit

Quand les envies soudain s'opposent
parce que les besoins divergent
le doute s'immisce dans l'amour fragile
jusqu'à l'incertitude des sentiments

Connais-tu les rigueurs de l'amour
par jour de bourrasque tactile balayant
les certitudes et déracinant les élans
jusqu'à l'exaspération et au questionnement

Comment être soi sans brimer l'autre
l'amour est un défi pas toujours compatible
en tout point en tout lieu en toute chose
je t'aime mon amour mais

Comment préserver son espace vital
dans le champ étroit de l'amour
et d'une luxure exubérante

il faut choisir : entre être ou avoir
être soi ou se perdre dans l'autre

Un coin de paradis

Ce ciel limpide
cette sérénité qui respire
arbres immenses
qui flottent dans une brise apaisante
temps suspendu
bonheur intime
élévation méditation invitation
où suis-je
un paradis incarné
respiration sur un petit coin de Terre
sous un ciel limpide
et cette sérénité qui m'inspire
jusqu'à m'aspirer vers l'éternité
je suis infini

L'Au-delà

L'Au-delà est en moi
L'Au-delà de moi
de tout
de cette vie qui m'échappe
rien ne m'appartient ici-bas
rien sauf mon Au-delà

Ramures

Pensées dans les ramures
sous un ciel d'azur
qui souffle l'éternité
pensées et ramures
en plénitude élevée
Pensez la liberté

sous les ramures apaisées
je suis le présent de mon futur
le futur de mon passé
je suis tout en un
je suis arbre
je suis mon éternité en marche
je suis tellement libre maintenant

C'est l'été

C'est l'été les cigales
c'est l'été chœurs d'oiseaux
c'est l'été deux jeunes filles en fleurs robes courtes douce fraîcheur
c'est l'été je les aime
c'est l'été je la désire de m'aimer
c'est l'été soleil d'aplomb
c'est l'été la vie respire je respire la vie
c'est l'été de tous les bonheurs
Montpellier m'a ouvert son cœur

Heureux qui comme Ulysse

Je suis heureux. Il faut le dire, je suis heureux. Et vous ? Êtes-vous heureux, vous ? Je suis heureux.
Je voyage dans l'amour. Je voyage au long cours et au plus près de l'amour, d'amours à perte de vue.
Je suis heureux. Je voyage entre terre et ciel. Je vis. Je vis ici et ailleurs, et nulle part peut-être aussi.
Je suis heureux. Le Vide est si plein, si profond, si intense. Je suis le Vide qui m'habite et m'encense.
Et les arbres qui dansent et les arbres qui chantent, inlassablement ils chantent et dansent. Vibrations.
Je suis heureux. Je découvre la vie sous un ciel bleu, des arbres ondoyants et des oiseaux fulgurants.
    Une allégresse gambade dans mon cœur.
        Je suis.

Ulysse entouré de Pénélope.
Tant de Pénélope.
Je suis heureux.
Je vis.
Je suis.

La vie et les étoiles

Chant de l'aube
temps de l'ode
sous un ciel qui m'a déraciné avec joie
sortir de soi revenir à l'autre
quand l'air est encore respirable
avant que le chalumeau céleste n'embrase l'horizon
les oiseaux ne chantent plus les cigales les remplacent
il fait trop chaud avant l'heure des étoiles
nuit clémente
je suis tout feu tout flamme
la vie de me réclame
la vie et les étoiles

Ainsi soit-elle(s)

Ainsi soit-elle libre et belle
d'être libre et de vivre
sur la ficelle d'un temps ivre
de solitude et de plénitude ensoleillée
je l'aime de près de loin ainsi soit-elle
et je serai à jamais heureux tel un dieu
attendri par sa vie si pleine de voies

Ainsi soient-elles ces femmes
qui m'aiment comme un poème
se découvrant vers après vers
rire après rire homme ivre
de cette liberté qu'elles m'ont offerte
dans le livre d'une vie vécue

à 100 à l'heure dans leur cœur
et leur corps leur amour
et leurs désirs de mon être
en devenir dans leurs yeux
je suis amoureux d'elle(s)
avec mon cœur bohème
et mon corps d'avenir

Excitation mentale

Excitation extrême
désir délire empire
de fantasmes empirant
la verge dans la bouche
la bouche sur son puits
désir délire jusqu'à l'empire
des sens en partance
vers la jouissance
la bouche sur le cierge
son puits à pleine bouche
luxure suprême
entre ses bras sangsues-elle
l'homme n'est rien
je ne suis rien
que l'extension d'un sex-agénaire
d'un sexe qui dégénère de désirs
en délire sous l'empire
de fantasmes excitants

Mine de rien

Elle a défait mes obscures zones
elle m'a refait homme d'azur
mine de rien l'esprit peu sûr
dehors quelconque un peu atone
elle se déchaîne quand ses sens entonnent
sauvage impétueuse audacieuse tout danse

mine de rien soudain elle s'élance
sur mon corps en extase magnifié
elle si gauche si empruntée
trouve toute son aisance et sa beauté
en prenant son essor de son corps
maintenant libéré de la pesanteur
de ses pensées et de cette Terre
bien mal embouchée si mal aimée
et elle se déchaîne et elle enchaîne
jusqu'à ce moment étincelant
où nos cœurs sont leurs propres
feux d'artifice dans des gerbes de sens

Ma solitude

```
L'espace et moi            l'univers et moi
       le ciel et moi       l'Infini et moi
le Néant et moi            la vie et moi            le
temps et moi        le jour la nuit et moi
l'amour et moi             le désir et moi          le
présent et moi le futur et le Vide et le Silence
```
et moi et nous et vous et eux
et qui et qui et quoi   ma solitude et moi
rien que ma solitude suspendue à mon regard à mon cœur
à mon corps libéré de toute sensualité
de toute intrusion non désirée
je suis mon propre passage vers l'Éternité
libre de me rêver

Manger

Manger
mais bien manger
tel un éblouissement gastronomique
la bouche grisée de saveurs
valse de mets mariés
avec une religiosité conquise
Manger
amour de la vie
lorsque le bon goût nourrit avec ferveur
les bons vivants
reconnaissants
de la faveur du bien manger
le reste n'est que remplissage
des mécréants de la bouffe
des rustres de la papille
Vous en reprendrez bien encore un peu
afin d'honorer le temps que j'ai mis à vous le concocter
?

Comédie

Place de la Comédie
la vie
des badins badinent
des styles défilent
des couples main dans la main
gais ou chagrins
brouhaha ensoleillé
place de la Comédie
la vie
l'envie
et la musique
et ces femmes si belles
suivies du regard
à l'envi

et puis la fête
à tue-tête
qui surgit du diable vauvert
défilé gai
si gays
chamarré enjoué
solidarité des âges
et des genres mêlés
qui est qui qui est quoi
place de la Comédie
la vie
et moi aussi
un samedi de juillet
et de bruits
entouré des forces du désordre
violence en filigrane
le mal nous tanne
mais la vie la vie
toujours

Elle dort

En haut
elle dort
en bas
il dort
en haut en bas chacun pour soi
si loin et si près de l'autre
ils dorment
et s'aiment d'amour tendre

Si belles

Tellement belles
effleurant l'asphalte
fluides et légères
comme des hirondelles

qui suis-je pour les désirer sans bruit
que diraient-elles si

Elles sont si belles
en tenues estivales
qui n'esquivent rien
de leur beauté en pâmoison
dans des corps de saison

qui suis-je pour les suivre du regard
attablé à une terrasse harassée
que diraient-elles si

Les Baux-de-Provence

Quand la nature sculpte l'espace
ciselant l'horizon depuis des temps immémoriaux
éblouissement du regard impressionné
par tant de beauté naturelle
ces rochers à l'aplomb incertain
à-pics vertigineux
et ces carrières cultivées
et la route qui sillonne et sillonne
jusqu'au village d'une autre époque

Que le passé peut-être sublime
et le présent dépassé
dans ces rues escarpées
où les yeux sont fascinés
s'abreuvant d'une sorte d'éternité

qui vibre du fond des pierres sereines
grandiose plongée

Badauds savez-vous apprécier
ce qui nous est offert en toute humilité
par des ancêtres inspirés ?

SexeS

Un sexe dans la tête
une tête dans le sexe
esprit sexué
gland pensant
à elle en elle sous elle
Et elle
sa tête
son sexe
que pensent-ils
à quoi pensent-ils
à qui comment pourquoi
Ne suis-je que sexe
elle me sexe tant
de près et de loin
mon sexe l'entend
et l'attend
patiemment
Et vous
vous êtes quoi
vous n'êtes rien
sagement rien

Des mots

Des mots diffus
des mots confus
des mots
à propos d'elle
de nous
ou peut-être pas
peut-être des mots du temps de la vie de la vie du temps
mais des mots
qui tournent dans ma tête repartent
s'immiscent fugaces et frustrants
mais se dérobent et se dérobent encore
des mots pour qui pourquoi des mots
mais des mots d'amour toujours
même torturés
amour de la vie d'elles
d'elles et moi de nous
de la vie du temps le temps d'une vie
car tout n'est que vie amour
et mots
ces mots qui m'échappent aujourd'hui
et me hantent tout à la fois

Je t'aime mais

Je t'aime   mais pas d'amour   je t'aime avec quoi
     mon cœur   et mon corps aussi
je t'aime comment   comme je suis   comme   je
sais   peut-être aussi comme je peux
        mais je t'aime   la vie
        et toi aussi qui m'aime à la folie

Mélancolie étrange

Ciel limpide
Arbres paisibles tels d'immenses gardiens sereins
Nature apaisée
Petit air agréablement frais
Et cette mélancolie étrange
diffuse indicible presqu'irréelle
Pourquoi pour qui
L'amour est là profond
et multiple
le bonheur aussi
et le désir est en marche
il va bientôt revenir
Pourtant
cette mélancolie étrange
étrangement insistante
et peut-être hésitante
peut-être
avec un relent d'insatisfaction
Lequel

Dantesque

Éblouissement céleste
dans un staccato d'éclairs
qui zèbrent la nuit
tonnerres assourdissants
le sol vibre
sous un déluge torrentiel
et le déferlement de grondements rauques
la nature se déchaîne
en beauté fascinante
coups de flashs intempestifs
qui brûle les yeux avides
elle relève sa robe fluide
ses fesses jaillissent somptueuses

somptueusement charnues et rondes
elle est nue sous le tissu
qu'elle remonte jusque sous les seins
et jauge sa taille dans un miroir admiratif
comme moi sans doute
le tissu retombe
est-elle satisfaite
l'orage gronde de plus belle
le bonheur est dantesque

Impressions Marseille

À Marseille
Dieu m'a donné à boire
grisonnant maghrébin
Fort Saint-Jean
Dieu m'a offert de l'eau
Marseille multiple et singulière
pittoresque jusqu'à se caricaturer elle-même
multiraciale multicolore multilingue
multiconfessionnelle multiculturelle
multivies
dans la rue sur les trottoirs à l'ombre du soleil
discrimination inclusive ou inclusion discriminante
clans communautés pègre familles
avec cette gouaille des solitudes entourées
venelles fleuries si séduisantes
aux milliers d'escaliers qui sillonnent le Panier
rues étroites resserrées sur un passé intemporel
Marseille lumières Marseille cacophonie Marseille
odeurs
jusqu'au sang qui coule
impacts de balles de coups
coups de cœur
éblouissement
du haut de Notre-Dame de la Garde
Marseille de partout et de nulle part

Marseille paradoxale
entre douceur et violence à fleur de peau
folklore et générosité
espoir qu'un jour tous les Humains seront
vraiment frères et sœurs
À Marseille
Dieu m'a offert à boire
c'est un bon début
j'en suis revenu ivre

Les plaisirs du manque

La raison s'évapore
sous son corps qui le dévore
de ses doigts indomptables
jusqu'à l'apothéose de sens incandescents.
Pulsions charnelles impulsives
nourries de manque et d'absence
intensités irrésistibles de l'éloignement
saveurs des retrouvailles
comment résister ?
C'est si bon d'être faible.
La lassitude naît de l'habitude
de la routine des sentiments vient la mort de ce qu'on croit être de l'amour
et ces répétitions qui tuent le désir dans l'œuf
l'affadissent d'être trop prévisibles.
Oser le temps des incertitudes
rien n'est absolu que la liberté et la solitude
de l'amour de l'amour de l'amour et du désir.
J'aime vieillir allez savoir pourquoi

Attraction impulsive

Têtes pivotant yeux exorbités sidérés choqués happés
par la différence qui passe
attraction morbide et mortifiée
le tuer le piquer se signer se révulser ou s'apitoyer
les sentiments se bousculent
s'entrechoquent avec les émotions
tout y passe dans ces têtes
Regards inquisiteurs ou furtifs
cherchant le sens la raison dans l'inexplicable
la vie est partout la vie est avant tout
dès lors que le vivant la veut la vie
Ne cherchez pas la norme il n'y en a pas c'est une illusion
Faisant fi des apparences
la beauté est partout où la vie est
êtes-vous vivantes têtes atterrées ?
La vérité est dans l'innocence
des enfants fustigés d'avoir été naturellement vrais
Comment éveiller un regard en mal de vie
qui juge et fuit par peur de l'inconnu ?
La vie est partout est multiple est infinie
c'est la vie
aime la vie aime la vie
elle te le rendra

L'amour

C'est quoi l'amour ?
Je ne sais pas ou plus
l'ai-je jamais su ?
Y a-t-il une bonne manière d'aimer ?
J'ai tant aimé
j'aimerai encore
et toujours
si différemment chaque fois
que le cœur s'émeut

Marseille

Rues fleurant à la fois le géranium, le laurier, le pastis, le poisson, les égouts, la friture, la lessive parfois, les épices et de subtiles senteurs fruitées. Marseille fragrances qui flottent dans l'air au gré du mistral. Marseille village jonché de plantes et de fleurs en pots, et ces rues qui commèrent torses nus et barbes de quelques jours. Marseille machistes à toute heure jusque sur les trottoirs. Marseille voilée, Marseille dénudée, Marseille magouilles et nonchalances. Ville de l'indécence où une pauvreté extrême côtoie une opulence provocante. Tout paraît trop simple ici, trop facile, trop lumineux, trop fraternel. Éternelle cité phocéenne où petits voyous, petite racaille pleine de bagout, croisent des grands cœurs et des cœurs perdus, dans les rues exhalant le passé et le présent. Et cette exubérance qui vitupère par-ci par-là, cette frime que l'on voit un peu partout, cette générosité mâtinée de roublardise d'autres fois. Douce flemme sous le soleil presque éternel. Marseille mystère, la belle et la pute qui rient à gorge déployée sous la torpeur d'un ciel de plomb. Marseille kaléidoscope de chair et de sang, de diversités incarnées dans cette tour de Babel qui vous charme ou vous horripile. Marseille douceur. Marseille extrêmement Marseille. L'unique. Le paradoxe fait homme.

Clepsydre

L'été s'en finit
le temps m'échappe
je vieillis je rajeunis
dans le silence de l'éternité qui m'environne
et m'envahit
les jours raccourcissent à vue d'œil
métamorphose de la lumière

le temps m'échappe
tout va trop vite
les nuages affluent et s'amoncellent
puis se dissolvent laissant un ciel bleu ardent
tout va si vite
et moi
vers quoi vais-je ?

Aix-en-Finance

Ville jaune
roide tel un 18e ou 19e siècle
à l'embourgeoisement guindé
et suranné exsudant son snobisme
aussi grisonnant
que le passé dépassé
et le peuple à la périphérie
d'une opulence ostentatoire
dans des barres HLM sans grâce
accessibilité minimaliste étriquée elle serait
Aix-en-Provence fleure le fric
et le baisemain d'un autre âge
dans un salon qui résiste au temps
non à la ringardise
musée Caumont
pourtant que certains sourires
sont aimables et prévenants
courtoisie distinguée
et ces vieux sentant la naphtaline
sans égard ni civilité
certaines politesses ont mal vieilli
à Aix la décatie
je suis venu j'ai vu et j'ai fui
Mais il reste cette jeune fille
si affable attentionnée et prévenante
à la terrasse d'un restaurant
au sein de cette indifférence décadente

Toi

Les sens qui grimpent au front
libido libation
désirs intenses sans contention
dans la solitude de pensées sans frein
t'imaginer et t'imaginer encore
toi
au creux d'un bureau tout chaud
fantasmes volubiles et volatiles
libertinage solitaire
toi ou une autre une inconnue dans la rue
surtout toi
qui manque au fil des jours
au feu du corps
délicieux manque délictueux
les sens embrasent le temps qui passe
seul dans ses pensées saoules
on ose tout on se permet tout
et après
le manque…

Drame solitaire

PACO ! PACO ! Paco ! PACO ! Chérie ! CHÉRIE ! Chérie ! ALLÔ ! ALLÔ ! Allô !
Merde ! MERDE ! Putain ! PACO !…
Silence essoufflé au cœur d'une nuit désespérée.
PACO ! Paco ! Paco ! Chérie ! CHÉRIE ! Allô ! ALLÔ ! ALLÔ ! J'Y ARRIVERAI PAS ! J'y arriverai pas…
Désespoir *de profundis*
Hurlements infinis dans la nuit
essoufflement appels sans fin sans fond essoufflement essoufflement
Dépendant pieds et poings liés
par une technologie défaillante

PACO ! PACO ! CHÉRIE ! ALLÔ ! Allô allô allô !
Aidez-moi ! Putain de MERDE ! J'en peux plus… Je
peux plus… je peux plus…
Je vais pisser sur moi !… !

Haïku transgressif

La vie la mort
la vie la mort et la vie
et l'envie
de toi de tout de rien
d'amour d'amour et de toi
mon amour
la vie
la vie est belle
viens vit va
vers la vie
et la mort
je t'aime

Tanka

L'absolu crois-tu que
l'absolu existe ici-bas
dans des cœurs mécréants
l'esprit ailleurs si loin
de la Terre

Haïku

Toi moi sexe-nous
sous la voûte du ciel
lubrique soleil

Cœur

L'amour de la vie
cœur qui bat la joie d'être
l'oiseau s'envole

Impermanence

Si impermanent
ce temps qui passe en nous
qu'il est infini

Sens

Écouter et voir
sur la voie de la vie nue
le Sens du cœur qui

Temps

Doux vent sous l'azur
le temps passe sur la vie
une feuille s'envole

Vivre

L'Infini partout
des amours bucoliques
vie et mort unies

Mes rêves

Mes rêves si fous
devenus réalité
je te les offre

Éternité

Le vent qui berce
et la lune si belle
la vie simplement

Noirs

Ces hommes noirs magnifiques
au regard et aux sens
les miens
trouble
trouble troublée
beauté incarnée avec naturel
lippue charnelle sensuelle
séduction des corps
et de l'esprit des corps
se laisser porter et puis oublier
pensée fugitive et spontanée
beauté de la différence
jusqu'à l'attirance jusqu'à l'attraction
en silence
j'aime ces instants sans lendemain
et vous femmes sublimes
que je caresse de loin
que l'humain est beau lorsqu'il est en chemin

Le temps

L'ombre avance sur le mur en silence
l'automne est là
l'hiver approche
la fin de l'année est proche
fin de cycle
renouveau
la vie se rétrécit avec le temps qui passe
vivre intensément vivre

et suivre le sens de la vague
qui me porte qui me porte
jusqu'à la Porte

La liberté

La liberté est de l'autre côté de la porte
dans les bras de la vie
au cœur de la différence des autres de l'inconnu
nous sommes tous des étrangers
même mon voisin je ne le connais pas
Ouvrir la porte et respirer l'amour
solidaire et solitaire
j'immigre tous les jours dans ma tête
en exultant face à la beauté d'autrui
de son Mystère et de sa vitalité

Attendrissement

Attendri
je suis attendri
par son sourire si doux
et son amour renversant
pourquoi moi
pourquoi nous
pourquoi pas eux
pourquoi le jour se lève
pourquoi la nuit nous unit
pourquoi pourquoi
et ses seins attendrissants
qui ne demandent qu'à chanter
et son bouton de rose qui s'épanouit
dans une mélopée de gémissements ravis
je suis attendri
jusqu'au tréfonds de mes mots

Flamboiement

Embrassement soudain
dans un ciel serein
nuages écarlates
sur bleu presque turquoise
et les ramées qui dansent
au gré de bourrasques en transe
beauté éblouissante
qui traverse mon regard au pied
de l'infini
je ne suis rien et je suis tout
la vie me transforme et me transporte
vers l'absolu

Une longue absence

Retrouvailles intenses
après une longue absence
fusion des sens
des corps en tous sens
des cœurs qui dansent
J'aime ces absences
qui régénèrent l'amour
et le désir à distance
Mais reviens
surtout reviens

Douche

Les nuits de pleine Lune
les cœurs hument
l'insondable écume
du Mystère de l'amour
qui se niche loin des regards obscurs
Et ses mains glissant sur mon corps
légères et douces

Temps suspendu par le bien-être
que nourrit le Mystère de l'amour
s'abandonner à la douceur de vivre
l'espace d'une évasion sablonneuse
s'abandonner à ses mains aimantes et attentionnées
Fluidité des sens sous l'évidence des gestes
c'est bon de me sentir aimé
jusque dans mon intimité
ma douce pleine Lune
sous la douche qui nous réunit
moi qui ne suis que par les mains d'autrui
si libre sous le pin parasol
auprès de toi

Ses yeux

Ses yeux pleins d'amour
sur mon corps en velours
l'avalent et le dévorent
avec une douce effervescence
émulsion des sens
en route vers l'absence
trouble intense si intense
et son regard qui chavire
sous les flux du plaisir
jusqu'à se perdre dans les étoiles
au moment de jouir

Prendre le temps

Prends le temps de vivre
cette vie qui t'a prise sous ses ailes
pour te mener vers la Lumière de l'Être
dont tu es la Source et le Don
Tu me ravis tant et tant
Prends le temps de vivre
toutes les pages de ton Livre qui s'ouvre

sur l'horizon infiniment libre du temps
Belle comme un jour d'automne radieux
tu me ravis tant et tant
Prends le temps de vivre
l'amour est partout où le regard sème
une fibre de Sagesse dans le vent
qui souffle vers ton Éternité
Tu me ravis tant et tant

Épisode cévenol

Automne guttural
ciel sépulcral
qui tombe en trombes
dantesques et brutales
vent vindicatif
fouettant les cimes
et les corps hasardeux
air d'apocalypse
nature indomptable
dévastatrice et imposante
Tu n'es rien elle est tout
ce jour d'automne inflexible
d'enfer au paradis

La vie passe

Et moi aussi
je passe dans ma vie
tel un passager transitoire
transitant dans le temps
qui lui est imparti
à l'instar d'un voyage
dans un espace défini
je ne suis rien je suis tout
tout ce que je veux
tant que l'amour reste fou d'amour

entre leurs bras et ceux de ma vie
L'Éternité est où ?
La vie passe… et je la suis…

À l'ombre de

À l'ombre du pin parasol
le temps s'envole le temps s'envole
je prends des rides je prends du bide
je prends le temps de te dire
que je t'aime encore que je t'aime toujours
un peu plus fort de jour en jour
à l'ombre du pin où le bonheur
somnole dans une douceur automnale
où les mots s'envolent où l'émoi rigole
à l'ombre du pin je suis toi je suis le temps
je vole un peu je crois je crois en la vie
en toi en nous à l'ombre des jours qui passent

Dans

Dans les pensées de l'une
dans les bras de l'autre
dans le cœur des deux
dans les jours qui passent
et tricotent l'amour
de rayons de joies
je vis je suis je vais
vers la vie vraie
libre et sans apprêts
si vivant d'être libre
et si vrai d'être en vie

Äponem[1]

Agapes
entre ciel et terre
au milieu de partout et de nulle part
à côté des morts les vivants se régalent
la vie n'est-elle pas un tout
du début à la fin et même après
après quoi après où
c'est cela le bonheur
ce continuum entre temps
et espace qui nous environnent

Festin subtil
pour palais en partance
vers des contrées infinies
polyphonie colorée de saveurs grisantes
qui surgissent par bouquets
au milieu de partout et de nulle part
en un temps suspendu
à l'allégresse de vivre de tels instants
à côté des morts qui dorment tranquillement
et nos regards qui se lèchent
et nos sourires de ravissement

Bonheur hors du temps
parenthèse gastronomique tout simplement

---

[1] « Bonheur », dans la langue d'une tribu amérindienne du Brésil et restaurant dans l'Hérault.

Ailleurs

Ailleurs elle se donne
autrement elle se donne
à un autre elle se donne
peut-être à d'autres si
Elle se donne
pour des caresses qui fuient
son corps et son esprit
des caresses qu'il n'a pas
Combler et combler encore
des manques jamais assouvis
ni ailleurs ni ici ni en soi
combler un vide
vacuité mortelle
Ailleurs il se donne
autrement il se donne
à une autre il se donne
il se donne ou peut-être pas
pour rattraper des caresses qui le fuient
et qu'il ne donnera jamais
à qui que ce soit

Mélancoliqueue

Spleen automnal
mélancolie doucereuse
l'âge venant
les rides aussi
une chevelure épuisée
quelques cheveux blancs
un peu d'empattement
et des douleurs inexorables
je vieillis indéniablement
sûrement même
pour vivre autrement

différemment d'avant
quand j'étais si vaillant
et un peu intrépide je crois
mais je reste ardent
et fou inlassablement
ma folie ne prend pas une ride
elle est désirs et vie
je suis fou jusqu'à l'érection
de ma fougue turgescente
jusqu'à jaillir en toi
femme de mes soupirs
mélancolie de la luxure

Conscience

Usure du temps sur mes os décatis. Inexorablement ma vie glisse vers son Infini. Cet imperceptible souffle qui happe mes jours vers une danse d'amour éternelle. Petite douleur par-ci, gêne par-là, fatigue récurrente, douceur de vivre aussi. Moins agité, moins pressé, moins de besoins. Sauf d'elles. Envie de me poser, de respirer le présent qui imprègne mon futur. Mon corps se dilue mais mon âme m'appartient. À jamais et pour toujours. Je suis Vivant. Et je hume la vie tout doucement pour ne pas la brusquer. Je sens mon cœur qui bat, qui bat encore, tel un tambourin dans tout mon être. Et ce désir qui m'honore. Ce désir si fort. Aimez-moi toujours. Toujours plus fort. Je ne serai jamais mort entre vos bras.

Limpide

Limpide
amour
qui s'écoule
des cœurs aux corps
corps à cœurs
en chœur
dans la lumière
d'un bonheur
qui s'ouvre
et se dilate
à la liberté
limpide
de l'amour
le nôtre
paisible et intense

J'écrirai

J'écrirai ton nom
dans le vent
qui le répandra
aux quatre coins de la Terre
tels des échos de joie
et des écrins de lumière
il dira l'Amour
il dira la Vie
à qui veut les entendre
et les répandra à son tour

J'écrirai ton nom
dans mon cœur
qui le palpitera
avec l'allégresse de l'oiseau
tel un chant de bonheur
en contemplant le ciel

et respirant le temps
il offrira le Sens
il offrira la Liberté
à qui veut les prendre
et les semer en tous sens

Je les aime

J'aime deux femmes
pas une ou trois ou plus
j'aime deux femmes
les deux faces de mon cœur
les prunelles de mon amour
mon Cantique des cantiques
comme à l'aube du premier jour
j'aime la vie dans leur cœur qui me dit
l'amour rien que l'amour
qu'elles m'offrent et qui me fait vivre
Je vibre d'amour
dans leur lumière qui m'enveloppe

Embrasement

Embrasement céleste
l'aurore s'empourpre d'un désir dévorant
prends-moi
ici et maintenant
de nos corps ardents
comme ce ciel flamboyant
embrase-moi
désirs fulgurants
prends-nous
jusqu'à l'apothéose
de nos sens assouvis
en fusion céleste

Irresponsable

Sexe égoïste pour orgasmes irréfléchis de mâles en rut et de femmes soumises à la tentation du fatal. C'est tellement plus attrayant... sans.
Sexe à risque pour assouvir quoi ? Pour assouvir qui ? Sexe pathétique, à quel prix ?
Roulette fruste de rustres futiles et de partenaires serviles. Et cette vie unique, ce cadeau magique d'une existence de chair et de sang, de cœur et de corps, cette vie que vaut-elle face à l'insouciance et à l'immaturité partagées ? Rien. Rien, le temps d'une volupté charnelle, d'une jouissance pénétrante et si futile sans protection.
Que de proies faciles pour prédateurs habiles, ou prédatrices parfois !

Ça n'arrive qu'aux autres de toute façon...

Je suis triste au fond de moi. Allez savoir pourquoi. Et pour qui...
J'ai pris un risque par amour pour elle. Par amour de nous. Le temps le dira un jour. Le temps parle toujours au futur.
C'est si facile de fauter, de trébucher sur la facilité. Pourtant...
Je l'aime tant et tant que j'ai ignoré la sagesse. Parce que je crois en elle. Je crois en nous. J'ai foi en la vie qui nous berce.
Nous n'avons qu'une vie. Et pourtant...
Nous jouons avec elle à pile ou face si souvent. Si souvent...
Et cet amour si intense qui nous danse, nous danse, danse...
Intensément.
En oubliant la sagesse. Comme si nous étions invincibles. Jusqu'à quand ? Jusqu'à quand...

Comment dire

Comment dire l'amour
aussi lumineux que le jour
qui nous unit paisiblement ?
Comment dire cet amour
plus léger qu'une nuit étoilée
que la vie a posé dans nos bras ?
Aimer sans détour
aimer sans attendre
Je t'aime comme une évidence
comme une douce danse
je t'aime libre et en partance
vers toi-même je t'aime en silence
serein et contemplatif
devant la beauté de ton cœur
émancipé et rayonnant
Je t'aime tout simplement

Journée d'automne

Journée d'automne
pas le moindre azur à l'horizon
le ciel va sangloter sur la nature
journée d'automne
tout est atone
le soleil se repose d'un été épuisant
journée d'automne

Le sexe

Le sexe est atone à en être aphone
Il est sans force sous sa douce écorce
Il est sans joie trop loin de toi
Il est sans voix d'être sans vie
le ciel est gris le temps est gras
le cœur est gros le corps est grand

je l'attends je l'attends
j'attends la vie qui me rendra la vie
j'attends l'amour qui illumine l'amour
j'attends j'attends
paisiblement
le sexe dormant engourdi par quoi ?
Je suis entre deux rives deux cœurs
qui suis-je dites-moi qui je suis ?
Et son corps qui m'apaise
et ses mains ses mains si douces
et la nuit le jour qui nous gloussent
et… et quoi encore ?
Soudan j'ai faim d'elle.
L'amour fait tant
l'amour est tout
lorsqu'il est vrai
comme nous

La colère

La colère et des larmes de tristesse
telle une boule qui obstrue l'écoulement de la vie
dans le corps dans l'âme dans l'esprit aussi
colère contre le mâle qui se croit tout-puissant
et tristesse qu'elle ait négligé l'essence de la vie pour
ivresse éphémère et insouciante
il trompe et elle se trompe
le cœur est lourd la tête déchirée
par une vérité mal digérée
amour meurtri
c'est quoi la vie lorsqu'elle n'a pas plus de valeur que ça
une séance de jambes en l'air la tête ailleurs
et cette colère qui empêche de respirer
cette colère de dépit muet
et ces larmes pour celle que j'aime tant pleines de désarroi

je suis démuni mais la vie continue
et mon amour essuie sa tristesse meurtrie
quelle est cette flamme qui va vers elle
par-dessus tout ?

Douceur sentimentale

Il fait beau aujourd'hui entre deux jours de pluie
tu irradies de ta douceur infinie
il fait beau aujourd'hui et tu souris
quelle est cette sérénité qui te nourrit
quel est cet amour qui te transcende
auprès de toi la vie est si
limpide et dansante
il fait bon t'aimer
d'un amour aussi simple que la vie
lorsqu'elle suit son cours tout simplement
il fait si beau aujourd'hui
est-ce toi ou le soleil qui m'illumine tant ?

Aller

Aller au plus profond de toi
enveloppé par la douce volupté de ton émoi
par ta chaleur vibrante autour de moi
Aller au plus profond de nous
au sein de ce cœur qui nous ressemble tant
nourrissant l'amour et la lumière du temps
Aller et revenir inlassablement
dans un sens qui nous rapproche et nous réunit
insensiblement dans cet amour en marge du tout-venant

Automne

Automne. Morose automne. Temps indécis. Petite froidure humide et grisâtre. Les vignes étincellent majestueusement sous un soleil parcimonieux. Rouge, jaune, ocre, tout est flamboiement. Automne. Feuilles mortes chantant sous les pas. Sous la mort, la vie. L'hiver approche. Mais sous la mort, la vie. Quel est ce paisible engourdissement environnant ? Et l'amour qui frappe à ma porte et mon cœur qui l'ouvre reconnaissant. Je les aime. En toute saison. Je les aime. L'amour me nourrit. De les aimer, de les chérir plus que ma vie. Automne. J'ai connu tant d'automnes dans ma vie. Tant d'amours aussi. Mais elles… Que dire d'elles ? Si solaires et si lunaires. Rencontrées un jour d'automne… Mystère. La vie est un mystère amoureux. Chevauche les saisons, elles sont ta moisson vitale. Vis ! Vis !

Jusqu'au bout

Jusqu'au bout cet amour qui vaut tous les voyages
puis partir sans bagages
nu comme au premier jour
jusqu'au bout vivre son passage
jusqu'au bout cet amour qui vaut tous les présages
elles m'ont tant aimé
jusqu'au bout
je les ai tant chéries
jusqu'au bout
de la vie
puis partir plein de cet amour qui m'a rempli
jusqu'au bout

Besoin

J'ai besoin de lumière de quiétude de solitude et d'amour
j'ai besoin d'incertitudes d'incendies sensuels d'interrogations existentielles
j'ai besoin de toi de vous de la vie de l'amour

j'ai besoin de l'amour que je donne de l'amour que je
reçois de l'amour tout simplement de l'amour
j'ai besoin de vivre pour mourir
comment mourir sans avoir vécu impossible
impossible !
J'ai besoin de savourer la vie même lorsqu'elle est amère
j'ai besoin de temps de contempler le temps présent
qu'importe le temps qui me reste il me restera toujours quelque chose à vivre jusqu'au dernier instant
dans la quiète lumière des jours
dans les yeux de l'amour
la vie est un rire époustouflant

Ma sorcière

Comme le soleil irradie la vie, ton regard nourrit l'amour et lui donne sens. Sais-tu combien tu fleures si bon le silence de ta douceur qui offre de l'espérance ?

Ma sorcière, la magie de ton cœur, sur les esprits que tu panses, ouvre des horizons insondables de connivences avec l'Existant et l'Existence. Ma sorcière, sais-tu combien quelque chose en moi rit de voir ton Être qui s'élance, en toute liberté, vers une infinitude n'appartenant qu'à toi ?

Comme le soleil dispense de la lumière sans compter, je sens ton âme qui s'épanouit dans les coulisses du sens de ta Vie qui se déploie avec volupté.

Envole-toi, auprès de toi je suis, auprès de toi je serai, sans bruit. Avec le bonheur d'être… ensorcelé à jamais et pour toujours. Te contemplant jusqu'à la fin des temps, entre deux saisons et mon éternité de mécréant dégingandé.

On meurt un peu à chaque instant
à chaque seconde un peu de soi part dans les étoiles
pour tisser sa toile d'éternité
telle une araignée persévérante
demain c'est aujourd'hui
après c'est l'Infini
je suis Infini

Si tu savais

Jour de lumière jour de sourires
et cette tendre pensée qui s'envole vers elle
en prenant le temps de folâtrer
sous ce soleil qui se fait désirer
mais elle arrivera n'aies crainte
Si elle savait comme je l'aime
d'ici de là-bas de partout
avec cette indulgence qui fait battre son cœur
d'un amour désirant
ardente lueur qui m'enveloppe
d'une paisible douceur
Elle est si précieuse…

Gilets jaunes et cœurs violets

Le Peuple le vrai est dans la rue
colère des laissés-pour-compte
enfin Il ose enfin Il dit tout haut le Peuple
les injustices que vomit une classe dirigeante
sans âme sans cœur le portefeuille en bandoulière
face à ce peuple qui n'en peut plus
d'être exploité privé de Vie vidé jusqu'à la moelle de sens
Et cette violence stupide raciste homophobe

cette haine qui s'invite avec rage et saccage la solidarité…

Tous ces mâles qui exsudent le mal hommes en panne de lucidité
discriminants violeurs destructeurs d'amour et de liberté
submergés par un ras-le-bol unanime révolté dans un élan de fraternité
Le temps d'une journée le Peuple se dresse en chœur
femmes et hommes dénonçant les dénis en tout genre
des sommets de l'État aux plus anonymes des maltraitants
infligeant des souffrances en toute bonne conscience
Comment peut-on autant ignorer et négliger son prochain
autant mépriser l'égalité et la justice ?
Que serait la France sans son Peuple ?
Que seraient les hommes sans les femmes les femmes sans les hommes
rien un désert d'humanisme dans une dévastation d'humanité.
Est-il si difficile d'aimer et de s'aimer ?

Justice sociale

Redonnez au Peuple
du pain et du sens
Rendez aux spoliés
de la société leur dignité
Cessez de les pressurer
encore et encore
pour mieux engrosser
des nantis jamais repus
Redorez égalité fraternité
et solidarité sans lesquelles
la liberté est une arlésienne

pas de vie digne et sereine
Distribuez les richesses
aux plus nécessiteux
plutôt que de les mépriser
Partagez équitablement
Un peu de bon sens et de jugeote
Monsieur le Président
de certains Français uniquement !

Libertés

Ma vie m'appartient
ma mort sera à tout le monde
je fais de ma vie ce que je veux
on fera de ma mort comme bon semblera

Je suis et je resterai
aux côtés des plus précaires des humiliés des négligés
j'ai autant de compassion pour ceux-là
que je suis sans pitié pour les spoliateurs en col blanc

Ma vie m'appartient
ma mort sera à tout le monde
je fais de ma vie ce que je veux
on fera de ma mort comme bon semblera

L'égalité n'existe pas mais l'équité existe
être juste et attentif

Noah

Surgi à la vie
par amour et désir
l'horloge du temps s'est enclenchée
dans ton cœur-envie
ce temps qui t'appartient désormais
et n'appartient qu'à toi

Noah
Tout commence
pour toi
alors que tout finit
doucement pour moi
C'est la vie
sa grandeur et sa limite
Mais rien n'est plus beau
que d'être le fruit
d'un amour si fort
si doux et lumineux
pour toi
juste pour toi aujourd'hui
L'avenir te tend les bras
il n'est qu'à toi
ne l'oublie pas ne l'oublie jamais
c'est ta vie
un cadeau unique inestimable
ne laisse personne la vivre à ta place
personne
soi et crois en toi
comme moi
même quand c'est dur même quand tu doutes
tu as tout pour être heureux
si tu le veux
la beauté est partout
lorsque l'amour rayonne
et il rayonne autour de toi
crois-moi
petit Noah

Élodie

Dis je t'ai déjà dit combien je t'aime
je te l'ai déjà dit
on oublie si facilement de le dire
et le temps passe et ne revient plus
si je te l'ai déjà dit
mais le dit-on assez
Ça fait déjà tant d'années déjà
et je ne me lasse pas de te savoir en vie
d'une envie si insatiable
et remplie d'amour aussi
par tes deux hommes autour de toi

Et maintenant ?

La vie continue
la vie continue toujours
à moins que les humains la détruisent
que certains la détruisent
notre Terre
cette chère Terre qui ne fait pas le poids
devant le lucre sans scrupules
ni états d'âme
Demain ce sera ton affaire Noah
plus la mienne je ne serai plus là
j'aurais fait ce que j'ai pu
fais-en autant je te soutiendrai
de là-bas ou d'ailleurs
j'aime trop la vie pour m'en priver même quand je serai esprit.

J'ai mal

J'ai mal à ma France
j'ai honte de ce qu'ils font de ma Patrie
honte face à autant de mépris
de supériorité imbue d'elle-même
qui n'a d'égale que la stupidité qui la nourrit
honte devant tant d'inhumanité dogmatisée
J'ai mal à mon Pays
où les droits de l'Homme et du Citoyen
ne sont plus qu'un souvenir qu'ils brandissent
pour mieux nous pressurer jusqu'à la moelle
aveuglés par leur avidité incommensurable
cette doxa d'un néolibéralisme sans âme
prêt à tout pour s'enrichir sans tabous
Résiste Peuple des petites gens
des humbles et des vivants
ne renonce pas surtout ne renonce pas
je crois en toi
      je crois en toi
           j'ai foi
la liberté nous tend les bras

Mathieu

Mon fils
si loin et si près à la fois
insaisissable et inaccessible
lumineux et sombre
simple si simple et compliqué tellement compliqué
je te connais si bien je te connais si mal
mais te connais-tu mieux ?
Que cherches-tu ? Ce qui te fuit ?
Que fuis-tu ? Ceux qui te cherchent ?
J'aime cette beauté qui rayonne dans tes yeux
lorsque, plein de malice et de sagesse
tu t'éveilles à l'Absolu

cette sérénité qui vient et qui va
comme si elle se dérobait à toi
Mon fils
est-ce que je t'ai vu grandir ?
Qui suis-je pour toi, mon fils ?
Jamais très loin toujours disponible
au cas où tu aurais besoin de moi
de nous main dans la main
le cœur plein d'amour
qu'importe le temps et l'éloignement
quoi qu'il arrive je suis présent
mon fils

Le temps s'écoule

Le temps s'écoule
langoureux et atone
comme mon esprit aphone
qui déambule dans des pensées fourbues
trop c'est trop
laissez-moi respirer
Le temps s'écoule
je n'ai même plus le temps de vivre
laissez-moi savourer
ce qu'il me reste à suivre
sur cette Terre bien mal remerciée
de supporter nos ingratitudes
d'humains trop gâtés
Le temps s'écoule
laissez-moi vivre
je n'ai plus de temps à perdre
à vos billevesées

Déclaration d'un soir

Le ciel était flamboyant ce matin
tel cet amour si vivant
lorsque je suis entre tes bras
Comment te dire mais comment te dire
ce que je ressens
c'est tellement indicible
tant c'est simple lorsque je suis contre toi
peau à peau cœur à cœur
tout qui s'apaise et tout qui s'éveille
comme si la vie revenait d'un coup
dans mon corps en sommeil
j'ai envie de danser à cet instant-là
entre tes bras et tu m'emmènes voyager
si loin de moi
Le ciel était flamboyant ce matin
et si velouté en même temps…

Polygamie joyeuse

Je les aime
que voulez-vous que j'y fasse
je les aime
ce n'est pas un poème c'est un fait
une réalité quotidienne concrète
je les aime
l'une et l'autre
c'est comme ça c'est ainsi
la vie propose et l'homme dispose ou pas
j'allais pas refuser ça deux amours
Bien sûr je ne les aime pas de la même façon
ni pour les mêmes raisons

certes ça pose question à certaines âmes
mais ça m'indiffère royalement
à chacun ses dilemmes et ses limites
je les aime intensément
et c'est si exaltant si réjouissant
Pourquoi me soucierais-je de principes
je n'en ai pas je n'ai que de l'amour
celui qu'elles me donnent jour après jour
je fais de mon cœur et de mon corps
ce que bon me semble quitte à chagriner
une morale qui manque cruellement
d'un souffle de liberté et de fraîcheur libertine
je les aime profondément
le bonheur n'est plus dans le pré
il est dans leur cœur maintenant
dites-le-leur si vous les croisez
dehors le temps est aussi beau
que mon amour pour elles est grand

Ode à ma tourterelle

Le temps passe imperturbablement
nous ouvrant pas à pas
l'espace du temps qui nous attend
ça fait si longtemps et si peu à la fois
que je m'émerveille dans tes yeux sans nuls autres pareils
qui suis-je mais qui suis-je donc
pour que tu m'aimes autant
ma tourterelle mon éternelle hirondelle
tu es si belle au-dehors et au-dedans
je n'ai pas de mots je n'ai plus de mots
pour dire mon émerveillement
le temps passe mais il reste nos sentiments
le temps passe et la vie ne sera plus comme avant
près de tes yeux qui brillent au firmament
de l'Infini que tu effleures constamment

Noël iconoclaste

L'une est exubérante
l'autre est réservée
l'une est intellectuelle
l'autre très sportive
l'une est hirondelle
l'autre est dauphin
elles sont belles si belles et douces
elles sont sans nul autre pareil
les deux faces de la même lune
et le soleil qui m'allaite
d'une chaleur accorte
pendant que mon cœur frappe à leur porte
rien n'est plus comme avant elles sont
homme comblé que pourrais-tu vouloir de plus
tu as l'amour qui ne cesse de t'abreuver
l'une et l'autre est à tes côtés
l'hiver est doux cette année

Magique

Corps contre corps
âme contre âme
chair contre chair
le temps suspendu
entre ses lèvres
bouche contre bouche
et les regards qui célèbrent
ces moments si doux
ces instants si fous
de nos peaux qui s'enchantent
corps contre corps
magie de l'amour
tout simplement
moments que j'attends
porté par le temps

jusqu'au jour suprême
où tu me rejoins
corps contre corps
cœurs battant
magie de l'amour
et du désir qu'il émeut

Extinction

2018 s'éteint
dans les feux du mésamour.

Le président pyromane a allumé l'incendie social qui couvait sous les braises des inégalités, tant d'inégalités additionnées avec la morgue des roquets. Amateurisme.
La Terre se meurt sous nos pas, mais eux s'en foutent.
Ils se noient dans la mer, mais eux s'en foutent.
Ils crèvent de misère tous les jours, mais eux s'en foutent.
Eux amassent.

Jaunes, Rouges, Verts s'arc-boutent. Tachés par du brun qui les éclabousse.
Embrasement de l'exaspération.
Vive l'anarchie, la liberté des esprits, par temps d'injustice et de précarité.
L'espoir se meurt, les corps s'épuisent et les cœurs désespèrent.
Ne pas renoncer. Ne pas renoncer. Ouvrir les prisons…
En 2019…

2018 s'éteint
dans un rayonnement de bonheurs.
L'amour me submerge de toutes parts. Les amours. Il y en a tant, de toutes les couleurs, de toutes les saveurs, de tous les horizons. Loin du tumulte.
La nature rayonne de sa paisible multiplicité.

Qui suis-je pour être autant aimé ?

Le temps est en moi désormais. Je suis le temps qu'il me reste entre leurs bras.
Vivre est un mystère que je n'ai toujours pas percé.
Mes amours comment vous remerciez ?
En 2019…

2018 s'éteint
mais la vie jamais.

J'ai tant

J'ai tant vécu. Tant et plus. En un an. Une année filante que je n'ai vu passer à l'ombre des arbres intenses. De leur sagesse apaisante. J'ai… J'ai eu tant d'amour, tant de jouissances, tant de vie. En si peu de temps. Pourtant, hier est si loin déjà.
J'ai connu tant de bonheurs, de doutes aussi. Il faut des doutes afin de pleinement savourer les bonheurs. Et hier est déjà inscrit dans ces souvenirs qui font une vie. Entre chair et esprit, j'ai grandi. Que j'ai grandi ! Grâce à elles. Et vieilli, un peu aussi. Papy, quelle hérésie que seule peut produire la Vie, la vraie. Le temps s'accélère avec le temps, j'ai le sentiment. Se rétracte, se contracte. Jusqu'à se réduire à une boule de papier qui contient toute une existence.
J'ai tant vécu. Tant et même plus. Éperdu. Si éperdu. Comme si chaque inspiration était une découverte, chaque baiser, le plus petit sourire. Entre leurs bras aimants, si aimants. Et leurs yeux. Leurs yeux, mon Dieu ! Une Éternité bleue dans laquelle je m'enfouis avec délectation. Et ces jours à la luminosité ineffable. Je revis. Rajeunis même. Par Amour.
Et cette nature qui me nourrit, si clémente. Je suis béni entre toutes les femmes. J'ai tant vécu. Tant et plus. Et aussi tant appris, saison après saison. Dans les flammes de l'esprit qui proclame : je suis ! La sérénité que je m'octroie. Je suis. Mon éphéméride et mon immortalité, du haut de mes cieux. Un an déjà. Où est passé le temps ? Mais où est-il passé ?
Je ne peux que vous aimer. Paisiblement.

Anarchiste

Je suis un vieil anarchiste
non-conformiste et libre par-dessus tout
irréductiblement vent debout
je bouge sans bouger
Je ne comprends pas ces sociétés serviles
je ne comprends pas ces politiques imbéciles
je ne comprends pas cette jeunesse futile
qui se murge et se shoote par complaisance pendant que les vieux se purgent à la sénescence
je ne comprends pas je suis peut-être trop con mais je ne comprends pas
ou peut-être suis-je d'un autre temps
« Le temps des fleurs[2] »
Je suis un vieux libertaire
indécrottable anarchiste loin des sentiers battus
des dogmes rebattus et des idéologies rancies
Rendez la Voix au Peuple
sans lui pas de démocratie
que ces cols blancs de l'oligarchie totalitaire
tristes fonctionnaires sans âme
énarques sanguinaires sans cœur
Alentour tout dépérit
mais il reste la vie
et l'amour
que serais-je sans lui
un mort par asphyxie affective
peu me chaut les principes décatis
j'aime
je les aime
je vous aime aussi

31 décembre 2018

---

[2] Chanson d'origine tzigane, rendue célèbre par Mary Hopkin en 1968 sous le titre *Those Were The Days*, avant d'être reprise par Dalida dans les années 1970.

Du même auteur

Autobiographie
À contre-courant, 1e édition, Desclée de Brouwer, 1999. 2e éditions, Worms, Le Troubadour, 2005 (épuisé).
En dépit du bon sens : *autobiographie d'un têtard à tuba*, préface ONFRAY M., Noisy-sur École, L'Éveil Citoyen, 2015 (épuisé)

Poésie
Toi Émoi, Worms, Le Troubadour, 2004
Corps accord sur l'écume Worms, Le Troubadour, 2010
Ikebana effervescent, Worms, Le Troubadour, 2012
Le jeune homme et la mort, Worms, Le Troubadour, 2016
Les chemins d'Euterpe, Autoédition MN, 2018
Divins horizons, Autoédition MN, 2020
Femmes libertés, Autoédition MN, 2021
Allègres mélancolies, Autoédition MN, 2021
Les foudres d'Éros, Autoédition MN, 2019
Sérénité, Autoédition MN, 2019
L'existentialisme précaire d'un têtard pensant, Marcel Nuss, 2018
Chroniques poétiques, Autoédition MN, 2021
Le quotidien des jours qui passent, Autoédition MN, 2020
Aveux de faiblesses, Autoédition MN, 2022
Récoltes verticales, 1999-2002, Autoédition MN, 2022
Élégie sans lendemain, 2002-2008, Autoédition MN, 2022
Femmes libertés, 2011-2013, Autoédition MN, 2022

Les runes de l'amour, 2011-2012, Autoédition MN, 2022

Allègres mélancolies, 2013-2016, Autoédition MN, 2022

Les foudres d'Eros, 2015-2016, Autoédition MN, 2022

Sérénités, 2017, Autoédition MN, 2022

L'existentialisme précaire d'un têtard pensant, 2018-2019, Autoédition MN, 2022 (à paraître)

Chronique poétique, 2020, Autoédition MN, 2022 (à paraître)

Le quotidien des jours qui passent, 2021, Autoédition MN, 2022 (à paraître)

Essais

La présence à l'autre : Accompagner les personnes en situation de dépendance, 3e édition 2011, 2e édition 2008, 1e édition 2005, Paris, Dunod.

Former à l'accompagnement des personnes handicapées, éditions Dunod, 2007 (épuisé).

Oser accompagner avec empathie, préface COMTE-SPONVILLE A., Paris, Dunod, 2016

Je veux faire l'amour, Paris, Autrement, 1ère édition 2012, Autoédition, 2e édition 2019.

Je ne suis pas une apparence, Autoédition MN, 2021

Romans érotiques

Libertinage à Bel Amour, Noisy-sur-École, Tabou Éditions, 2014 (épuisé)

Les libertines, Paris, Chapitre.com, 2017 (épuisé)

Le crépuscule d'une libertine, Paris, Chapitre.com, 2018 (épuisé)

Réédition en version originale :

La trilogie d'Héloïse, Autoédition MN, 2021
    1 Con joint
    2 Con sidéré
    3 Con sensuel

Nouvelles
Cœurs de femmes, Paris, Éditions du Panthéon, 2020
Ruptures, Paris, Éditions Saint-Honoré, 2021
Incarnations lascives, Autoédition MN, 2021

Sous le pseudonyme de Mani Sarva
Horizons Ardents, Paris, Éditions Saint-Germain-des-Prés, 1990 (épuisé).
Divine Nature, prix de la ville de Colmar 1992, Éditions ACM, 1993 (épuisé).
Le cœur de la différence, préface JACQUARD A., Paris, L'Harmattan, 1997

Essais en collaboration avec :
COHIER-RAHBAN V. *L'identité de la personne « handicapée »*, Paris, Dunod, 2011
ANCET P. *Dialogue sur le handicap et l'altérité : ressemblance dans la différence*, Paris, Dunod, 2012

Essais dirigés par l'auteur
Handicaps et sexualités : le livre blanc, Paris, Dunod, 2008
Handicaps et accompagnement à la vie sensuelle et/ou sexuelle : plaidoyer en faveur d'une liberté !, Lyon, Chronique Sociale, 2017

Lightning Source UK Ltd.
Milton Keynes UK
UKHW020623010922
408166UK00010B/1155